전국한문교사모임이 만든

한자·한문 인증 시험 자료집

- 중 Ⅲ급(1학년) -

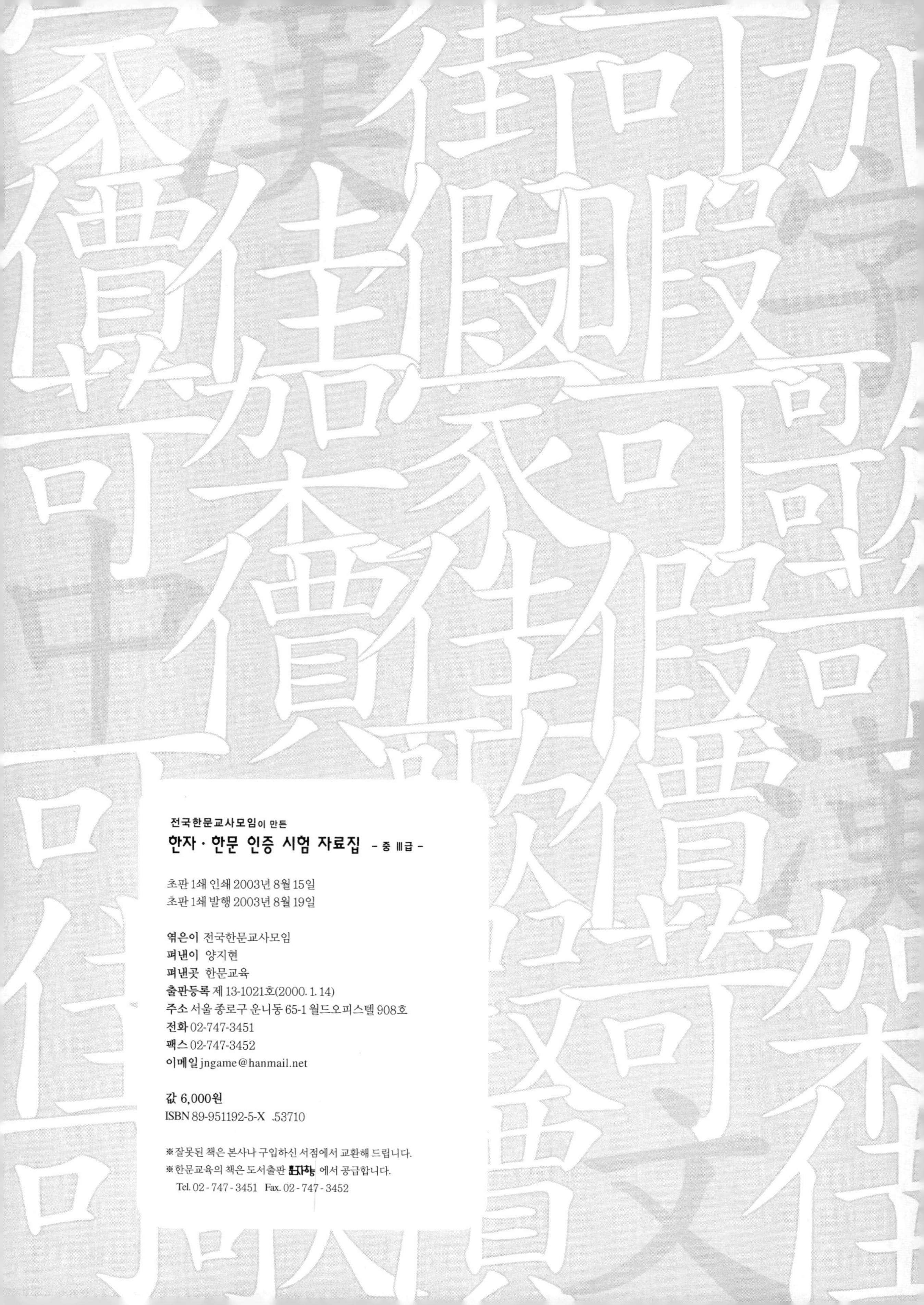

전국한문교사모임이 만든

한자 · 한문 인증 시험 자료집 - 중 Ⅲ급 -

초판 1쇄 인쇄 2003년 8월 15일
초판 1쇄 발행 2003년 8월 19일

엮은이 전국한문교사모임
펴낸이 양지현
펴낸곳 한문교육
출판등록 제 13-1021호(2000. 1. 14)
주소 서울 종로구 운니동 65-1 월드오피스텔 908호
전화 02-747-3451
팩스 02-747-3452
이메일 jngame@hanmail.net

값 6,000원
ISBN 89-951192-5-X .53710

※잘못된 책은 본사나 구입하신 서점에서 교환해 드립니다.
※한문교육의 책은 도서출판 토가 에서 공급합니다.
　Tel. 02 - 747 - 3451 Fax. 02 - 747 - 3452

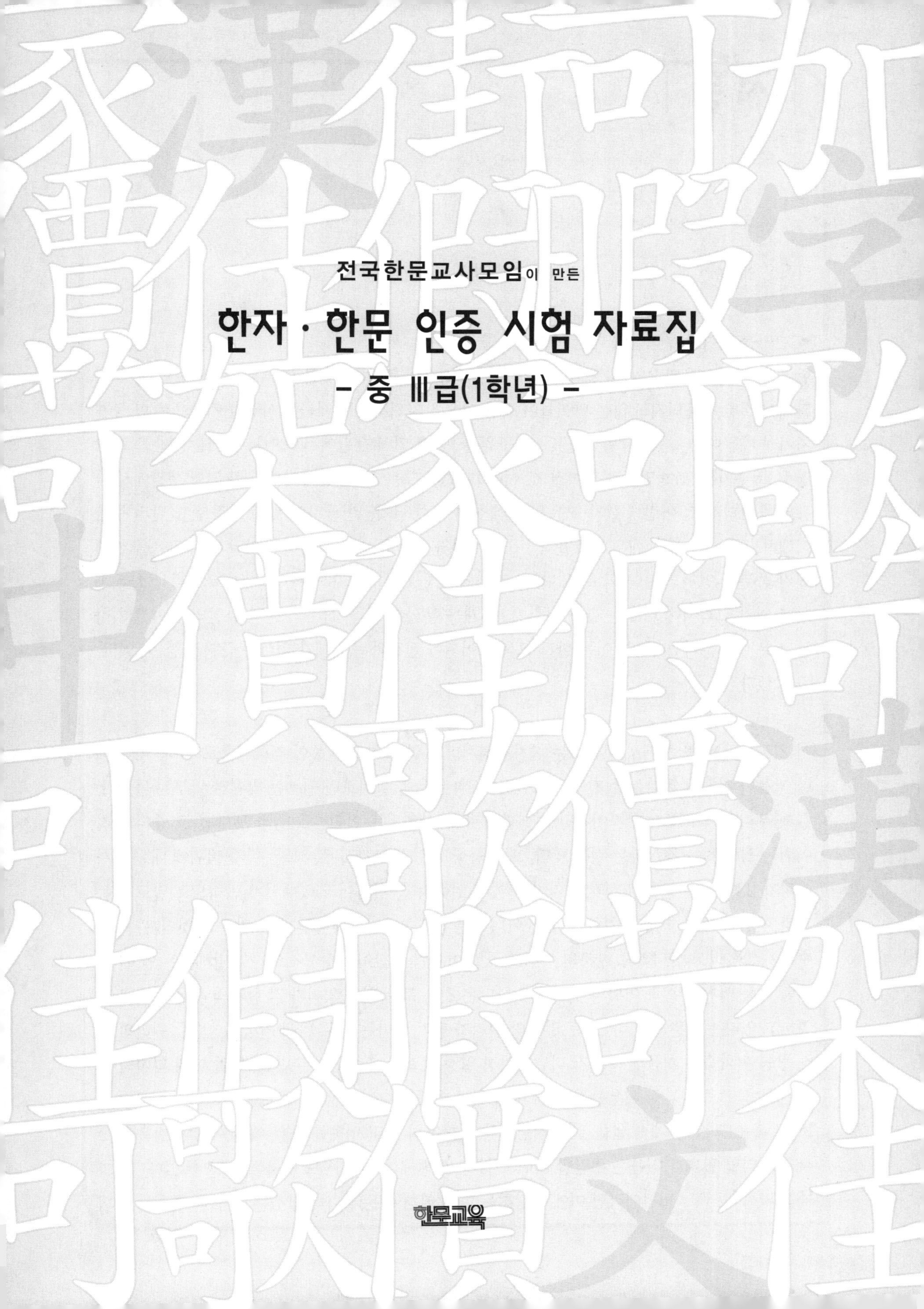

한자 · 한문 인증 시험 자료집
- 중 Ⅲ급(1학년) -

다음은 예전에 ○○신문에 '한자검정시험' 과 관련된 기사의 일부분이다.

■ 한자를 알아야 우리말에 대한 이해력이 좋아진다?

한글학자들은 '우리말의 70%가 한자어' 라는 주장은 숫자 놀음에 불과하다고 잘라 말한다. 실생활에서 전혀 사용되지도 않는 단어들이 절반 이상을 차지하는 케케묵은 사전을 기준으로 한 통계치이기 때문이다. ○○학회 ○○○ 연구원은 "실제 언어 생활에서 쓰이는 단어를 기준으로 할 경우 그 수치는 20% 밑으로 떨어질 것"이라고 했다. 그는 "설사 한자어가 우리 언어 생활에서 사용된다 하더라도, 어렵게 한자 교육을 시켜 한자어 한 글자, 한 글자의 뜻에 비춰 한 낱말의 뜻을 이해하도록 하는 것은 매우 비효율적"이라며 "한자 교육을 하는 시간에 우리말 어휘 교육을 하면 훨씬 풍부한 언어 생활을 할 수 있다"고 지적했다. ○○○ 교수도 "한 교사가 초등학교 4, 5, 6학년 읽기 교과서에 나오는 한자 어휘 2,125개를 분석한 결과, 한자의 훈과 낱말의 뜻이 일치하는 것은 23%뿐이었다"며 "이는 한자 교육이 어휘력 신장과는 관계가 없다는 근거로 볼 수 있다"고 말했다.

이 기사는 ○○단체에서 주관하는 한자검정시험과 한자 학습 열풍이 전국적으로 일자, 이에 대한 거품이 걷혀야 한다는 취지에서 쓰여졌다. 위 내용을 살펴보면 일부는 맞지만 일부는 틀렸다. 실제 우리말의 70%가 한자어지만 실생활에 주로 사용되는 어휘만을 골라 낸다면 그 중의 한자 어휘는 훨씬 적을 것이라는 점은 맞다. 또 초등학교 읽기 교과서에 나오는 한자 어휘에 대한 조사 결과가 23% 점은 분석의 시각에 따라 차이가 있겠지만, 한자어라고 해서 일반적으로 알고 있는 훈과 어휘의 뜻이 항상 일치하는 것은 아니라는 점도 맞다. 그렇다면 틀린 말은 무엇인가? 설령 수치가 23%라고 하더라도 한자의 이해를 통한 어휘력 신장이 비능률적이라고 말해서는 안 된다. 어떤 한자 어휘의 훈과 어휘의 뜻이 일치한다는 것은 그 어휘의 의미가 각 한자의 뜻을 그대로 반영하고 있다는 말일 것이다. 이는 일종의 원리가 담겨 있다는 말로 바꿔 말할 수 있다. 원리의 이해를 통한 학습은 처음엔 속도가 더딜지언정 일정 정도의 수준을 갖추면, 어휘와 어휘 의미의 반복 사용 등으로 무작정 외우는 방법에 비해 훨씬 빨라질 수밖에 없다. 즉 초등학교에서 대학까지 16년, 혹은 그 이상 계속 글을 읽을 사람이라면 한자의 원리 이해를 통한 어휘 학습 방법을 기초적으로 익힐 필요가 있음은 두말할 나위가 없다. 어떻게 보면 23%도 숫자 놀음일 수 있다. 각 과목 교과서×23%×16년이라면 이에 해당하는 한자 어휘 수는 얼마나 많겠는가. 물론 겹치는 어휘를 제외한다 하더라도, 그 양이 얼마나 많은지는 이 책의 내용을 보면 쉽게 알 수 있을 것이다.

한자의 훈과 어휘의 뜻이 일치한다는 것은 매우 중요한 의미가 있다. 이해를 돕기 위해 예를 들어 보겠다. 중학교 사회 교과서에 '선상지扇狀地' 라는 어휘가 나온다. '扇' 이 '부채' 라는 뜻을 알면 '扇狀地' 가 '부채 모양의 땅' 이라는 의미를 곧바로 파악할 수 있다. '선상지' 라는 어휘는 중학교 사회 과목 학습 과정에서 반드시 알아야 할 한자 어휘이다. 그런데 한자에 대한 선행 학습과 한자 풀이에 대한 훈련이 전혀 되어 있지 않으면, 선상지와 그 의미는 무작정 암기해야 한다. 학습 능률은 당연히 떨어질 수밖에 없다. 물론 교과서에 주로 나오는 어휘 외에 일상 생활에서 자주 사용하는 한자 어휘에도 이런 효과를 볼 수 있는 사례는 얼마든지 있다.

여기서 또 짚고 넘어가야 할 중요한 문제가 있다. 바로 1,800자의 신화神話이다. 극단적인 표현을 하자면 지금의 한자·한문 교육 과정상 扇狀地에서 扇은 중·고등학교 한문 교육용 1,800자가 아니기 때문에, 선상지의 扇자나 혹은 선상지 모두 한자로 익힐 필요가 없다는 결론이 나온다. 실제 그렇지는 않을 것이다. 1,800자는 사용 빈도가 높은 한자를 참고로 제시한 것이기 때문이다. 그러나 과연 참고용일까?

한문 교과서를 만드는 규정이나 현재 한자검정시험의 급수 구분은 모두 한자의 숫자를 미리 정하고 나머지 사항(그 한자가 들어가는 어휘를 시험 문제로 출제하는 등)이 따라가도록 정해져 있다. 바로 이것이 문제이다. 어휘 학습은 글을 읽는 가운데, 모르는 어휘가 나타나면 그때 그때 사전을 이용해 의미를 파악하고, 의미의 쉬운 이해를 위해 한자의 훈을 새겨 보는 것이 정도正道일 것이다. 내가 앞으로 알아야 할 어휘나 한자를 미리 모아서 익히겠다라고 말한다면 뜻이 가상하다고 할 수 있지만, 이런 방법은 바른 학습 태도가 아니기 때문에 누구에게나 강요해서는 절대로 안 된다. 그래서 1,800 한자를 중심으로 하는 우선 학습을 하게 되면, 선상지 같은 필수 학습 어휘는 소외를 당하게 된다. 차라리 중·고등학교 한문 교육용 1,800자는 〈상용한자 1,800자〉라는 이름으로 바꿔 참고용으로 두고, 중·고등학교 학습용 한자 어휘 1,000, 혹은 2,000, 중·고등학생이 반드시 알아야 할 한문 문장 100, 혹은 200으로 제시되는 것이 현명한 방법일 것이다.

지금까지 한자 훈과 어휘의 뜻이 일치하는 한자 어휘 학습의 필요성, 그리고 한자 우선이 아닌 교과 과정상에 알아야 할 어휘와 한문 문장을 이용한 단계별 학습이 중요하다는 것을 말했다. 전국한문교사모임에서는 이러한 학습 방법을 유도하기 위해 이 책을 간행하였다. 현재 진행되는 각종 한자검정시험에 거품은 분명히 있으며, 그에 따른 부작용도 속속 드러나고 있다. 암기식 한자 학습에 따른 한자와 한문에 대한 거부감, 한문 교육이 한자 교육화하는 현상 등등. 이 책을 통해 올바른 한자·한문 학습 방법이 정착되기를 바란다.

이 병 주(전국한문교사모임 회장)

※ 일러두기

1 교과서 한자 어휘는 아래의 예와 같이
①명칭 – ②한자 풀이 – ③설명의 순으로 되어 있다.

> ① 선상지 扇狀地
> ② 扇 부채 선 狀 모양 상 地 땅 지
> ③ 산지에서 평지로 나오는 경사 급변점인 골짜기의 입구를 중심으로 하천이 운반한 토사土
>   砂가 쌓여 형성된 부채 모양의 퇴적 지형.

만약 한자 풀이를 이용해 직역을 한다면, 부채[扇] 모양의[狀] 땅[地]이 된다. 여기서는 일일이 직역을 달아 두지 않았지만, 교과서 한자 어휘는 한자의 뜻을 보면서 직역하는 연습을 통해 익히기 바란다.

2 다음은 '중학생들이 알아야 할 한자 어휘' 중에 '經'이 들어간 예이다.

> 사서 삼경 四書三經
> 四 넷 사 書 책 서 三 셋 삼 經 날실, 경전 경
>
> 경제 공황 經濟恐慌
> 經 날실, 다스리다 경 濟 구제하다 제 恐 두렵다 공 慌 다급하다 황
>
> 경험론 經驗論
> 經 날실, 겪다 경 驗 경험하다 험 論 논의하다, 견해 론
>
> 신경 神經
> 神 귀신, 영묘하다 신 經 날실, 지나다 경

이 중에 經에 대한 풀이만 따로 모으면 아래와 같다.

> 經 날실, 경전 경 / 經 날실, 다스리다 경 / 經 날실, 겪다 경 / 經 날실, 지나다 경 /

'날실'은 '옷감 등에 세로로 놓인 실'이란 뜻으로, 經의 본래 뜻은 '날실'이었는데, '경전'· '다스리다'· '겪다'· '지나다' 등의 뜻이 파생되었다.

모든 한자가 經과 같이 이렇게 다양하게 쓰이는 것은 아니지만, 한자 하나에 한 가지의 뜻이 고정되어 있지는 않다. 한자 어휘를 풀이할 때 명심해야 할 점은 바로 하나의 뜻을 모든 어휘에 무조건 적용시켜서는 안 된다는 것이다. 즉 '經은 날실 경'이라고 한자의 음훈을 먼저 무조건 외우는 공부를 한 뒤, 실제 한자 어휘를 풀이하면 맞지 않는 경우가 많다는 말이다.

'날실'은 經의 '대표 뜻'이라고 한다. 대표 뜻은 그 한자가 처음 만들어질 때의 뜻이거나, 아니면 여러 뜻 중에 언어 생활이나 한문에서 가장 많이 쓰이는 뜻을 대표로 삼은 것이다. 그렇기 때문에 대표 뜻은 다른 누군가와 한자의 뜻에 관해 소통을 할 때, 예를 들어 학교에서 선생님이 학생에게 "날실 경'을 칠판에 쓰세요"라고 말하는 경우에 필요한 것이다. 어떤 한자에 대표 뜻 하나만을 무조건 외우고 끝나서는 안 된다. 올바른 한자 · 한문 학습 방법 중에 제일 중요한 것은 한자 어휘나 한문 문장을 해석하는 가운데, 한자 한 자 한 자의 새로운 뜻을 익혀 나가는 것이다.

이 책에 나오는 한자 풀이는 '經 날실, 다스리다 경'과 같이 항상 대표 뜻을 먼저 표기하고, 다음에 그 어휘에 해당하는 뜻을 적었다. 그러므로 풀이를 할 때는 뒤의 뜻에 맞춰 해야 한다. 그런데 유의해야 할 점은 여기에 제시한 뜻이, 거의 맞지만, 100% 정확하지는 않다는 것이다. 이 작업은 전국한문교사모임의 여러 선생님이 함께 수고하였는데, 어휘의 어원 설명이 있는 자료의 경우에는 그대로 실었지만, 자료를 찾지 못한 경우에는 임의로 가장 타당하다고 여겨지는 뜻을 실었기 때문이다. 그렇기 때문에 한자의 뜻은 어휘에 담긴 의미를 이해하는 데 도움을 얻는다는 취지로 봐야지, '이 어휘에서 이 한자의 뜻은 이거구나' 하고 생각을 고정시켜는 안 된다.

3 이 책에 나오는 한자 어휘는 각 교과 학습에 필요한 어휘이면서 한자 학습과 관련이 깊은 것으로 한정하였다. 즉 굳이 한자 풀이가 필요 없거나 이미 나온 한자 어휘끼리 합한 합성어 류는 제외했다는 말이다. 또한 7차 교육 과정에 근거하여 교과서 한자 어휘의 전체 범위를 국민공통 10학년의 과정에 한정시켰다. 만약에 모든 어휘를 싣는다면 그 양이 엄청나게 많기 때문이다.

이런 여러 이유 등으로 삭제한 어휘 중에 꼭 알아 두어야 할 어휘와 이 책에 나오는 어휘를 과목별로 따로 묶어 단행본으로 출간할 계획이다. 설명도 자세하게 보충하고, 한자 풀이를 더욱 충실하게 할 계획이기 때문에 어휘의 이해도를 더욱 높일 수 있을 것이다.

4 이 책에 나오는 교과서 한자 어휘는 현재 중학생들이 사용하는 교과서에서 뽑은 어휘이다. 〈국어〉는 교과서보다는 중학생이 알아야 할 문법 등의 한자 어휘를 따로 선정하였다. 〈국사〉와 〈도덕〉은 전국의 모든 학생이 같은 교과서로 배우기 때문에, 교과서에 나오는 차례를 그대로 살렸다. 이 외의 과목은 학교마다 다른 출판사의 책으로 배우기 때문에, 중학교의 각 교과 선생님들이 중학생 수준에서 알아야 할 어휘를 따로 선정하였다.

5 어휘의 뜻풀이와 설명은 다음 책을 주로 활용하였다.

· 《동아 한한대사전》 동아출판사

· 《국어사전》 금성출판사, 운평어문연구소 편

· 《푸르넷 초등국어사전》 금성출판사

· 《두산세계대백과사전》

· 《한자를 알면 수능이 보인다 1》 (국어), 한문교육, 전국한문교사모임 편

· 《한자를 알면 수능이 보인다 2》 (국사), 한문교육, 전국한문교사모임 편

· 《한자를 알면 수능이 보인다 4》 (지리 · 사회 · 세계사), 한문교육, 전국한문교사모임 편

중학교 1학년생이
반드시 알아야 할 한자 · 한문

이 부분은 중학교 1학년생이 반드시 알아야 할 한자와 한문의 범위를 제시한 곳으로, 중학교 각 교과목 교과서의 한자 어휘와 한문 교과서의 한문 문장을 선별하였습니다.

한자 · 한문의 상식

1. 한자(漢字)란?

漢字란 중국 漢나라 글자라는 말입니다. 우리나라 역사에도 고조선부터 고려, 조선 등 여러 나라가 있었듯이 중국도 여러 나라가 있었습니다. 그 중에 漢나라의 국력이 커서 주변 나라에 큰 영향을 미쳤습니다. 그래서 주변 나라는 당시 중국 사람들을 한인(漢人)이라 불렀고, 그들의 글자를 漢字라 불렀습니다. 그 이후로 지금까지 중국의 글자는 漢字, 漢字로 기록한 글을 한문(漢文)이라 부릅니다.

우리나라는 세종대왕이 한글을 만들기 이전에, 그리고 한글을 만든 뒤에도 오랫동안 한자로 글을 썼습니다. 이렇게 오랫동안 한자를 사용했기 때문에 우리 선조들이 남긴 고전(古典)의 대부분이 한자로 쓰여졌습니다.

2. 한자가 만들어지는 원리

漢字가 한글이나 영어와 다른 점은 한 글자가 모양[형(形)]·소리[음(音)]·뜻[의(義)]을 갖추고 있다는 것입니다. 즉 한글이나 영어는 두 글자, 세 글자, 그 이상의 글자로 하나의 뜻을 만들지만, 한자는 한 글자로 하나의 뜻을 만듭니다. 또한 漢字의 특징 중에 하나는 한자가 만들어지는 원리가 있다는 것입니다. 그 원리는 상형, 지사, 회의, 형성 4가지입니다.

(1) 상형(象形) 상형은 사물의 모양을[形] 본떠[象] 만드는 가장 기초적인 원리입니다.

(2) 지사(指事) 지사는 눈에 보이는 사물이 아닌 추상적인 뜻을[事] 가리켜[指] 보이는 방법입니다.

(3) 회의(會意) 회의는 두 개 혹은 두 개 이상의 상형자나 지사자를 결합하는 방법입니다. 한자의 뜻과 뜻을[意] 합하여[會] 서로 연관된 새로운 뜻을 만들기 때문에 회의라고 부릅니다. 상형이나 지사를 이용하여 한자를 만드는 데 한계를 느끼자, 이미 있는 한자를 합하여 만드는 쉬운 방법이 나타난 것입니다.

(4) 형성(形聲) 형성은 한쪽의 한자에서는 소리를[聲] 가져오고, 다른 한쪽의 한자에서는 모양[形], 즉 뜻을 가져오는 방법입니다. 즉 소리 역할을 하는 한자를 두고, 여기에 상형 원리

로[形] 만들어진 여러 한자(주로 부수)를 결합하는 원리입니다. 형성 원리로 만들어진 한자가 전체 한자 중 70% 이상을 차지합니다. 회의를 이용해 만드는 방법도 한계에 이르자 더 쉬운 방법을 생각해 낸 것입니다.

3. 부수(部首)

앞에 형성 원리를 설명하는 부분에,

　　즉 소리 역할을 하는 한자를 두고, 여기에 상형 원리로[形] 만들어진 여러 한자(주로 **부수**)를 결합하는 원리입니다. 형성 원리로 만들어진 한자가 **전체 한자 중 70% 이상**을 차지합니다.

하는 부분이 있습니다.

　부수란, 자전(字典)에서 한자를 찾는 데 필요한 기본 글자입니다. 글자대로 풀이하면, '한자의 한 부분이면서[部] 그 한자의 전체 의미를 상징 · 대표하는[首] 것'이라는 말입니다. 한글의 단어는 ㄱ, ㄴ, ㄷ 혹은 ㅏ, ㅑ, ㅓ 순서로 배열하지만, 자전은 전체 한자의 70% 이상이 형성 원리로 만들어졌기 때문에 부수를 이용해 배열합니다. 그래서 자전에서 한자를 빨리 찾고, 한자의 뜻이 어떻게 만들어졌는가를 이해하기 위해서는 부수에 대해 꼭 알아야 합니다.

4. 획수(劃數 = 畫數)

　획이란 붓이나 펜으로 한자를 쓸 때, 종이에 한 번 붙였다가 떼는 것을 말하고, 획수는 한 글자를 쓸 때 붙였다 떼는 숫자를 말합니다. 한글에서 ㄱ, ㄴ은 1번에 쓰기 때문에 1획이지만, ㅁ은 3번, ㅂ은 4번에 쓰기 때문에 3획, 4획입니다. ㄱ, ㄴ을 2번에 나누어 써도 되지만, 1번에 쓰는 것이 더 간편합니다. 그러나 ㅁ, ㅂ을 1번에 쓰려면 모양이 이상해집니다. 漢字도 한글과 비슷합니다. 土는 ﹣, ㅣ, _ 3획, 日은 ㅣ, ㄱ, ﹣, _ 4획에 써야 합니다.

5. 필순(筆順)

　'필순(筆順)'이란, 붓으로 쓰는 순서를 말합니다. 한자는 한글이나 영어에 비해 점(點)과 획(劃)이 많습니다. 그래서 한자를 쓸 때, 그 모양을 예쁘게 만들려면 쓰는 순서를 익히는 것이 좋습니다. 그렇다고 모든 한자의 필순을 외울 필요는 없습니다. 아래의 원칙을 기본으로 익힌 뒤 한자를 쓸 때 적용하기만 하면 됩니다.

① 왼쪽에서 오른쪽으로 : 川(내 **천**) → 丿 川 川

② 위에서 아래로 : 三(셋 **삼**) → 一 二 三

③ 세로보다 가로를 먼저 : 十(열 **십**) → 一 十

④ 좌우의 모양이 같을 때에는 가운데를 먼저 : 小(작다 **소**) → 亅 小 小

⑤ 삐침을 먼저 쓰고 파임을 나중에 : 八(여덟 **팔**) → 丿 八

⑥ 바깥쪽을 먼저 : 用(쓰다 **용**) → 丿 冂 月 月 用

⑦ 꿰뚫는 획은 맨 나중에 : 事(일 **사**) → 一 ㄱ 亓 亓 亐 亐 亐 事

6. 자전(字典)에서 한자 찾기

'男' 자를 자전에서 찾아 봅시다.

① '男' 의 부수인 '田' 이 5획이므로, 자전의 맨 앞이나 뒤에 있는 부수 색인 5획에서 '田' 을 찾는다.

② '田' 자에 적힌 쪽수에 따라 '田' 자를 찾아 펼친다.

③ '男' 자에서 부수[田]를 뺀 나머지 부분[力]의 획이 2획이므로, 다시 2획의 한자를 차례로 살펴 '男' 자를 찾는다.

④ '男' 자의 음과 뜻을 확인한다.

한자는 한글과 어떻게 다른가요?

여러 가지 다른 점이 있겠지만 가장 큰 차이점은 한글은 ㄱ, ㄴ, ㄷ 등의 자음子音과 ㅏ, ㅑ, ㅓ 등의 모음母音으로 이루어진 소리글자[표음문자表音文字]인데 반해, 한자는 하나 하나의 글자가 독립된 뜻을 나타내는 뜻글자[표의문자表意文字]라는 점입니다.

한자의 숫자는 변함이 없나요?

그렇지 않습니다. 현재는 약 100,000자 내외로 보고 있지만, 한자의 숫자는 시대가 복잡해지고, 새로운 물건들이 만들어지면서 늘어나고 있는 추세입니다. 아울러 한자를 쓰는 여러 나라들은 각 나라 고유의 한자를 만들어 쓰는 경우도 있습니다. 이러한 것을 국자國子라고 합니다. 우리나라의 돌乭, 둘乧 등이 이에 해당됩니다.

☺ 현대 중국어와 한문은 어떤 차이가 있나요?

흔히들 중국어와 한문을 같은 것으로 잘못 알고 있는 경우가 많습니다. 하지만 엄연히 다릅니다. 우리는 한자의 소리 부분이 아닌 뜻 부분을 받아들여 우리 고유의 문화로 발전시켜 왔습니다. 문언문文言文으로 받아들인 것입니다. 우리가 교과서에서 배우는 고문古文을 중국인들에게 읽도록 하면 그들도 따로 학습을 해야 해석이 가능합니다.

☺ 한자는 중국과 우리나라만 사용하는가요?

그렇지 않습니다. 한자는 중국과 우리나라는 물론 일본과 베트남 등 동아시아 전체의 공통된 문화입니다. 이렇듯 한자를 사용하고 한문에 따른 가치관을 가지고 있는 나라들을 통틀어 한자 문화권漢字文化圈이라고 합니다. 이 한자 문화권 나라들은 커다란 하나의 문화 공동체라고 할 수 있습니다.

☺ 한자·한문을 배우는 것은 중국 문물을 익히기 위한 것인가요?

우리 선조들은 중국의 한자를 받아들여 우리 고유의 문화로 발전시켜 왔습니다. 따라서 우리 선조들이 남긴 대부분의 문헌들은 한문으로 되어 있습니다. 그렇기 때문에 한자·한문을 배우는 것은 중국의 문물을 익히기 위한 것이 아니라 우리의 뿌리를 찾는 중요한 첫걸음이라 할 수 있습니다. 우리 선조들의 사상과 문화를 한자·한문으로 기록한 것을 중국의 것과 구별하여 한국한문학韓國漢文學이라고 합니다.

☺ 한문은 그 내용상 어떠한 것들이 있나요?

한문을 내용으로 분류해 보면 크게 문文·사史·철哲로 나눌 수 있습니다. 文은 '문학'으로, 한문 소설이나 한시 등이 이에 속합니다. 史는 '역사'로, 우리 선조들이 남긴 《삼국유사三國遺事》·《삼국사기三國史記》 등이 이에 속합니다. 哲은 '철학'으로 유가의 사서삼경四書三經 등이 속합니다. 한문 문장을 이해하기 위해서는 이 세 분야의 글들을 두루 읽어야 합니다.

다음은 중학교 1학년 과학 교과서의 일부 내용입니다.

가) 유수는 암석을 **침식**할 뿐만 아니라 침식된 작은 암석이나 자갈, 모래, 진흙 등을 낮은 곳으로 운반하고, 운반된 물질을 **퇴적**시키기도 한다.

그림과 같이 강의 상류 지역에서는 침식 작용이 활발하여 산의 경사면이 깊게 파인 V자 계곡이나 폭포 등이 형성되며, 산과 평지가 만나는 곳에서는 물의 흐름이 갑자기 약해져서 부채 모양으로 퇴적된 **선상지**가 형성된다. 강의 중류 지역에서는 구불구불한 강줄기인 곡류와 소뿔 모양의 호수인 **우각호**를 볼 수도 있다. 특히 경사가 완만한 지역을 지나는 강줄기에서 이러한 곡류와 우각호가 잘 발달한다.

나) **流水**는 암석을 **浸蝕**할 뿐만 아니라 침식된 작은 암석이나 자갈, 모래, 진흙 등을 낮은 곳으로 운반하고, 운반된 물질을 **堆積**시키기도 한다.

그림과 같이 강의 상류 지역에서는 침식 작용이 활발하여 산의 경사면이 깊게 파인 V자 계곡이나 폭포 등이 형성되며, 산과 평지가 만나는 곳에서는 물의 흐름이 갑자기 약해져서 부채 모양으로 퇴적된 **扇狀地**가 형성된다. 강의 중류 지역에서는 구불구불한 강줄기인 **曲流**와 소뿔 모양의 호수인 **牛角湖**를 볼 수도 있다. 특히 경사가 완만한 지역을 지나는 강줄기에서 이러한 곡류와 우각호가 잘 발달한다.

한글로만 표기된 (가)글엔 이해하기 어려운 한자 어휘가 여러 개 나옵니다. 일상생활에서 자주 쓰는 말이 아니기 때문일 겁니다. (나)글은 한자 어휘를 한자 표기로 바꾼 것입니다. 각 어휘의 한자를 풀이하면, 流水(유수)는 '흐르는 물', 浸蝕(침식)은 '물이 스며들면서 조금씩 조금씩 갉아먹음', 堆積(퇴적)은 '높이 쌓임', 扇狀地(선상지)는 '부채 모양의 땅', 曲流(곡류)는 '구불구불 휜 흐름', 牛角湖(우각호)는 '소뿔 호수' 가 됩니다.

교과서에 나오는 어렵게 생각했던 한자 어휘들은 대부분 이렇게 한자 뜻풀이를 하면 쉽게 이해할 수 있는 말들입니다. 어휘의 정확한 의미를 파악하는 학습 자세를 가지기 위해서는 한자 뜻풀이 습관을 길러야겠습니다.

다음은 중학교 1학년에서 예체능과 기술·가정 과목을 제외한(한자 어휘가 많지 않아서) 전 과목의 교과서에 나오는 한자 어휘를 소개한 내용입니다. 아래 내용을 공부하면서 교과서 학습을 효과적으로 하고, 한자 실력의 향상을 통해 한문 해석 능력의 신장伸張에도 도움이 되기를 바랍니다.

⓪⓪① 천자문 千字文

| 千 천 **천** | 字 글자 **자** | 文 글 **문** |

중국 양梁나라 주흥사周興嗣가 지은 책. 한문 학습의 입문서로 널리 썼음. 사언 고시四言古詩 250구로 모두 1,000자임.

⓪⓪② 동몽선습 童蒙先習

| 童 아이 **동** | 蒙 어리다 **몽** | 先 먼저 **선** | 習 익히다 **습** |

《천자문》을 익히고 난 후의 학동들이 배우는 초급 교재로, 조선 중종 때 학자 박세무朴世茂가 저술하여 1670년(현종 11)에 간행함.

⓪⓪③ 격몽요결 擊蒙要訣

| 擊 치다 **격** | 蒙 어리다 **몽** | 要 중요하다 **요** | 訣 이별하다, 비결 **결** |

1577년(선조 10) 이이李珥가 학문을 시작하는 이들을 가르치기 위해 편찬한 책.

⓪⓪④ 명심보감 明心寶鑑

| 明 밝다, 밝히다 **명** | 心 마음 **심** | 寶 보배 **보** | 鑑 거울, 본보기 **감** |

고려 충렬왕 때의 문신 추적秋適이 금언金言, 명구名句를 모아 놓은 책.

⓪⓪⑤ 소학 小學

| 小 작다 **소** | 學 배우다 **학** |

주자朱子(주희朱熹)가 제자 유자징劉子澄에게 소년들을 학습시켜 교화시킬 수 있는 내용의 서적을 편집하게 하고, 이를 주자가 보완하여 1187년에 완성한 책으로, 중국 송나라 때의 수양서修養書.

⓪⓪⑥ 사서 삼경 四書三經

| 四 넷 **사** | 書 책 **서** | 三 셋 **삼** | 經 날실, 경전 **경** |

유교儒敎의 경전인 《논어論語》, 《맹자孟子》, 《대학大學》, 《중용中庸》의 사서四書와, 《시경詩經》, 《서경書經》, 《주역周易》의 삼경三經을

일컫는 말.

⓪⓪7

논어 論語

| 論 논의하다 **론** | 語 말씀 **어** |

공자孔子의 가르침을 전하는 책으로, 공자와 그 제자 사이의 문답 형식으로 된 글이 많고 공자의 제자들이 엮음.

⓪⓪8

맹자 孟子

| 孟 맹자 **맹** | 子 아들, 학식과 덕행이 높은 사람 **자** |

중국 전국 시대의 사상가인 맹자孟子의 말을 모아 놓은 책.

⓪⓪9

대학 大學

| 大 크다 **대** | 學 배우다 **학** |

본래 《예기禮記》의 제42편이었다가 뒷날 독립된 책.

※예기 禮記 : 중국 고대 유가儒家의 경전으로 예법에 관한 내용이 실려 있음. 사서四書의 하나인 《대학大學》《중용中庸》은 이 중 한 편임.

⓪1⓪

중용 中庸

| 中 가운데 **중** | 庸 떳떳하다 **용** |

공자孔子의 손자인 자사子思가 지은 것으로 알려져 있으며, '中'이란 어느 한쪽으로 치우치지 않음, '庸'이란 평상平常을 뜻하는 말.

⓪11

시경 詩經

| 詩 시 **시** | 經 날실, 경전 **경** |

중국 춘추 시대의 민요를 중심으로 하여 모은 시집.

⓪12

서경 書經

| 書 책, 상고(上古) 시대의 책 **서** | 經 날실, 경전 **경** |

중국 고대 주周나라 이전의 기록. 《상서尚書》라고도 하는데, 상고上古의 책으로 숭상해야[尚] 한다는 뜻.

※書는 춘추 시대 이전에는 대부분 공문公文의 뜻으로 쓰이다가, 춘추 시대 말기 또는 전국 시대 초기부터 전적典籍의 뜻으로 쓰이기 시작했음.

⓪13

주역 周易

| 周 두루, 나라 이름 **주** | 易 바꾸다 **역** |

주나라 시대의 역易이란 말이며, 易은 '바뀐다' '변한다'는 뜻으로 천지만물이 끊임없이 변화하는 자연 현상의 원리를 설명하고 풀이한 책. = 《역경易經》《역易》.

0001

양심 良心

| 良 어질다 량 | 心 마음 심 |

자기의 행위에 대하여 옳고 그름을 판단하고 올바른 말과 행동을 하려는 마음.

0002

규범 規範

| 規 규칙 규 | 範 본보기 범 |

사람이 사회 생활을 하면서 마땅히 따라야 할 행동 기준.

0003

자아 실현 自我實現

| 自 스스로 자 | 我 나 아 | 實 실제 실 | 現 나타나다 현 |

자신의 가능성·소질·적성·잠재력 등을 이루어 내는 것.

0004

개성 個性

| 個 낱개 개 | 性 성품 성 |

각 사람이 지니고 있는 남다른 특성.

0005

이성 理性

| 理 이치 리 | 性 성품 성 |

어떤 일을 이치에 맞게 판단할 수 있고 자기를 반성할 수 있는 마음의 능력. 감정에 휩쓸리지 않고 차분하고 냉정하게 생각할 수 있는 마음.

0006

인격 人格

| 人 사람 인 | 格 바로잡다, 품위 격 |

말이나 행동 등에 나타나는 사람의 됨됨이. 스스로 책임을 지고 사회 생활을 해 나가는 독립된 개인으로서의 자격.

0007

도야 陶冶

| 陶 도자기, 바로잡다 도 | 冶 단련하다 야 |

노력을 통해 자신의 인격을 바르고 훌륭하게 만듦.

◎◎8

원융 圓融

| 圓 둥글다 **원** | 融 녹다, 통하다 **융** |

온갖 법법의 이치가 널리 융화되어 하나가 됨.

◎◎9

화쟁 和諍

| 和 사이가 좋다 **화** | 諍 다투다 **쟁** |

원효 사상의 근본을 이루는 화해和解와 회통 會通(언뜻 보기에 서로 어긋나는 뜻이나 주장 을 해석하여 조화롭게 함)의 논리 체계를 이르 는 말. 모순과 대립을 하나의 체계 속에서 다루 므로 화쟁이라 함.

◎①◎

열반 涅槃

| 涅 개펄 흙 **녈** | 槃 쟁반 **반** |

범어梵語 nirvana의 음역으로, 모든 번뇌煩 惱의 속박에서 해탈解脫하고, 진리를 연구하 여 불생 불멸不生不滅의 경지에 들어가는 것 을 말함.

◎①①

해탈 解脫

| 解 풀다, 벗다 **해** | 脫 벗다 **탈** |

속세의 속박 · 번뇌에서 벗어나 근심이 없는 편안한 심경에 이름.

◎①②

가치 價値

| 價 값 **가** | 値 값 **치** |

어떤 사물이 지니고 있는 의의나 중요성. 사람

이 삶에서 귀중한 것이라 생각하는 어떤 것.

◎①③

관용 寬容

| 寬 너그럽다 **관** | 容 받아들이다 **용** |

다른 사람을 너그럽게 받아들이거나 용서해 주는 것.

◎①④

심리적 이유기 心理的離乳期

| 心 마음 **심** | 理 이치 **리** | 的 ~한 성질을 띤 **적** | 離 떠나다 **리** | 乳 젖 **유** | 期 기간 **기** |

성인들의 보호, 간섭에서 벗어나 독립을 추구 하는 청소년기의 성향을 묘사하는 용어로써, 미국의 심리학자 홀링워드의 말.

◎①⑤

사춘기 思春期

| 思 생각하다 **사** | 春 봄, 남녀의 정 **춘** | 期 기 간 **기** |

이성에 관심을 가지게 되고, 성적 욕구를 느낄 만한 시기.

◎①⑥

좌우명 座右銘

| 座 자리 **좌** | 右 오른쪽 **우** | 銘 새기다 **명** |

늘 자리 옆에 갖추어 두고 보면서 자기 생활을 반성할 수 있는 명언名言이나 격언格言 등의 글귀.

◎①⑦

서유견문 西遊見聞

|西 서쪽, 서양의 약칭 **서** | 遊 놀다, 여행하다 **유** | 見 보다 **견** | 聞 듣다 **문** |

유길준이 쓴 국한문 혼용체의 수필로, 신진 개화 사상의 고취를 강조하였음.

018

확대 가족 擴大家族

|擴 넓히다 **확** | 大 크다 **대** | 家 집 **가** | 族 겨레, 성(姓)과 본(本)이 같은 사람 **족** |

3세대 또는 그 이상의 세대로 구성되어 함께 생활하는 가족. ↔ 핵가족.

019

가풍 家風

|家 집 **가** | 風 바람, 풍습 **풍** |

한 집안에 전해 내려오는 풍습이나 범절凡節.

020

가훈 家訓

|家 집 **가** | 訓 가르치다 **훈** |

어떤 집안에서 생활의 교훈으로 삼기 위해 정해 둔 좋은 뜻이 담긴 말.

021

핵가족 核家族

|核 사물의 가장 중심 **핵** | 家 집 **가** | 族 겨레, 성(姓)과 본(本)이 같은 사람 **족** |

부부 또는 홀로 된 어버이와 미혼인 자녀만으로 이루어진 가족. ↔ 확대 가족.

022

가부장 家父長

|家 집 **가** | 父 아버지 **부** | 長 길다, 우두머리 **장** |

지난날 확대 가족 제도에서 한 가정의 가장 나이 많은 남자 어른을 말함.

023

배려 配慮

|配 짝짓다 **배** | 慮 걱정하다, 생각하다 **려** |

관심을 가지고 도와 주거나 보살펴 줌.

024

세대 世代

|世 세상, 세대 **세** | 代 대신하다, 이어 내려온 차례 **대** |

'世'는 한 사람 한 사람을 시조부터 세어 내려오는 것이고, '代'는 한 사람 한 사람 사이의 간격.

025

애경사 哀慶事

|哀 슬프다 **애** | 慶 축하하다 **경** | 事 일 **사** |

슬픈 일과 즐거운 일을 합하여 부르는 말.

026

항렬 行列

|行 다니다 **행** / 서열(序列) **항** | 列 줄지어 놓다 **렬** |

아버지 쪽에서 갈라져 나온 혈통에 대한 세대 순서.

027

효제 孝悌

| 孝 효도 **효** | 悌 공경하다 **제** |

부모를 섬겨 효도를 다하고, 형을 받들어 순종하는 일.

⓪②⑧

효 · 제 · 충 · 신 孝悌忠信

| 孝 효도 **효** | 悌 공경하다 **제** | 忠 충성 **충** | 信 믿다 **신** |

효도 · 우애 · 충성 · 신의를 아울러 이르는 말.

※ **공자가 말한 일생의 학문 과정.**

子曰吾十有五而**志于學**하고 三十而**立**하고 四十而**不惑**하고 五十而**知天命**하고 六十而**耳順**하고 七十而**從心所欲**하되 **不踰矩**호라

공자께서 말씀하였다. "나는 열다섯 살에 학문에 뜻을 두었고, 서른 살에 자립하였고, 마흔 살에 사리事理에 의혹疑惑되지 않았고, 쉰 살에 천명을 알았고, 예순 살에 귀로 들으면 그대로 이해되었고, 일흔 살에 마음에 하고자 하는 바를 좇아도 법도에 넘지 않았다."

⓪②⑨

지우학 志于學

| 志 뜻 **지** | 于 ~에 **우** | 學 배우다, 학문 **학** |

⓪③⓪

립 立

| 立 서다 **립** |

⓪③①

불혹 不惑

| 不 ~하지 않다 **불** | 惑 홀리다, 의심하다 **혹** |

⓪③②

지천명 知天命

| 知 알다 **지** | 天 하늘 **천** | 命 목숨, 하늘의 뜻 **명** |

⓪③③

이순 耳順

| 耳 귀 **이** | 順 차례, 따르다 **순** |

⓪③④

종심소욕불유구 從心所欲不踰矩

| 從 따라가다 **종** | 心 마음 **심** | 所 장소, ~하는 바 **소** | 欲 (~을) 하고자 하다 **욕** | 不 ~하지 않다 **불** | 踰 넘다 **유** | 矩 ㄱ모양의 자, 법 **구** |

※矩 – 본래는 사각형을 그리는 데 쓰는 도구.

⓪③⑤

친애 親愛

| 親 친하다, 어버이 **친** | 愛 사랑하다 **애** |

어버이로서 자식을 가까이 사랑함.

⓪③⑥

향약 鄕約

| 鄕 시골 **향** | 約 약속하다 **약** |

조선 시대에 권선징악勸善懲惡과 상부상조相扶相助를 목적으로 마련하였던 향촌 사회의 자치 규약.

037

덕업상권 德業相勸

| 德 공정하고 포용성 있는 마음 **덕** | 業 일 **업** |
| 相 서로 **상** | 勸 권하다 **권** |

덕스러운 일은 서로 권함.

038

과실상규 過失相規

| 過 지나가다, 잘못 **과** | 失 잃다 **실** | 相 서로
상 | 規 규칙 **규** |

잘못은 서로 규제함.

039

예속상교 禮俗相交

| 禮 예절 **례** | 俗 속세, 풍습 **속** | 相 서로 **상** |
交 사귀다 **교** |

예의 바른 풍속으로 서로 사귐.

040

환난상휼 患難相恤

| 患 근심 **환** | 難 어렵다 **난** | 相 서로 **상** | 恤
구휼하다 **휼** |

어려움이 닥쳤을 때에는 서로 도움.

041

상부상조 相扶相助

| 相 서로 **상** | 扶 돕다 **부** | 相 서로 **상** | 助 돕
다 **조** |

서로 도움.

042

동화 同化

| 同 같다 **동** | 化 변화하다 **화** |

서로 생각이 다른 친구들이 오래 사귀면 습관
이나 태도 등이 같아지는 것.

043

관포지교 管鮑之交

| 管 대롱, 성(姓) **관** | 鮑 절인 어물, 성(姓) **포**
| 之 ~의 **지** | 交 사귀다 **교** |

관중과 포숙아의 사귐. 친구를 위하는 두터운
우정.

※관중이 '내가 젊어서 포숙아와 장사할 때 늘 이익
금을 더 많이 챙겼는데도 그는 나를 욕심쟁이라고
말하지 않았으니, 내가 가난하다는 것을 알아주었
기 때문이다' 라 했고, 이 외의 여러 일을 겪으면서
'나를 낳아 준 분은 부모님이요, 나를 진정으로 알
아준 사람은 포숙이다' 라고 말한 고사에서 유래.

044

백아절현 伯牙絶絃 = 지음 知音

| 〈伯 맏 **백** | 牙 어금니 **아**〉 사람 이름 | 絶 끊
다 **절** | 絃 악기 줄 **현** | 知 알다 **지** | 音 소리 **음** |

백아가 거문고 줄을 끊음. → 서로 마음이 통하
는 절친한 친구의 죽음을 애통해 함.

소리를 알아줌. → 절친한 친구.

※ 백아라는 거문고의 명인이 있었고, 그의 연주를
잘 이해하고 감상할 줄 아는 종자기라는 친구가
있었다. 그런데 종자기가 병으로 죽자, 백아는 아
끼던 거문고의 줄을 끊어 버리고 다시는 연주하지
않았다는 고사에서 유래함.

045

죽마고우 竹馬故友

| 竹 대나무 죽 | 馬 말 마 | 故 옛 고 | 友 친구 우 |

어릴 때 함께 죽마(대나무 말)를 타고 놀던 친구. 어렸을 때부터의 오랜 친구.

046

아량 雅量

| 雅 우아하다, 바르다 아 | 量 수량, 도량 량 |

바르고 너그러운 도량(깊은 생각). 남을 포용하는 깊고 너그러운 마음씨.

047

역지사지 易地思之

| 易 바꾸다 역 | 地 땅, 처지 지 | 思 생각하다 사 | 之 ~의, 그것 지 |

상대와 처지를 바꾸어 놓고 생각함. 남의 입장이 되어서 이해하는 마음.

048

양성 평등 兩性平等

| 兩 둘 량 | 性 성품, 남녀 성 | 平 평평하다 평 | 等 등급, 같다 등 |

남성과 여성이 차별 없이 동등함을 의미함.

049

후견인 後見人

| 後 뒤 후 | 見 보다 견 | 人 사람 인 |

'뒤에서 보고 있는 사람'이라는 뜻으로, 아는 사람을 보살펴 주고 감독하는 사람.

050

편의주의 便宜主義

| 便 편하다 편 | 宜 마땅하다, 형편이 좋다 의 | 主 주인, 주되다 주 | 義 옳다, 의견 의 |

어떠한 일을 하는 데 근본적인 처리를 하지 않고, 그때만 적당히 넘기려고 하는 마음.

051

현모양처 賢母良妻

| 賢 어질다 현 | 母 어머니 모 | 良 어질다 량 | 妻 아내 처 |

어진 어머니이자 착한 아내. 우리나라에서 전통적으로 생각해 왔던 바람직한 여성상. 남성에게 해당하는 표현으로 바꾸면 현부양부賢父良夫.

1. 우리나라 역사의 시작

선사 시대의 생활

⓪⓪①
선사 시대 先史時代

| 先 먼저 선 | 史 역사 사 | 時 때 시 | 代 대신하다, 시대 대 |

문자로 기록된 역사 자료가 없는 역사 이전의 시대.

⓪⓪②
구석기 시대 舊石器時代

| 舊 옛 구 | 石 돌 석 | 器 그릇, 기구 기 | 時 때 시 | 代 대신하다, 시대 대 |

인간이 뗀석기를 가지고 무리를 지어 이동하며 사냥과 채집 생활을 하던 시대.

⓪⓪③
신석기 시대 新石器時代

| 新 새롭다 신 | 石 돌 석 | 器 그릇, 기구 기 | 時 때 시 | 代 대신하다, 시대 대 |

구석기 시대에 이어 돌을 사용하던 시대.

⓪⓪④
청동기 시대 靑銅器時代

| 靑 푸르다 청 | 銅 구리 동 | 器 그릇, 기구 기 | 時 때 시 | 代 대신하다, 시대 대 |

구리와 주석朱錫으로 만든 청동기를 도구로 사용한 시대.

⓪⓪⑤
족장 族長 · 군장 君長

| 族 겨레 족 | 君 임금 군 | 長 길다, 우두머리 장 |

원시 부족 사회에서 계급의 분화가 이루어지면서 생겨난 최고 지배자.

⓪⓪⑥
제정 일치 祭政一致

| 祭 제사 제 | 政 정치 정 | 一 하나 일 | 致 (~에) 이르다 치 |

제사와 정치가 일치한다는 사상, 또는 그러한 정치 형태.

국가의 성립

⓪⓪7

고조선 古朝鮮

| 古 옛 고 | 〈朝 아침 조 | 鮮 산뜻하다 선〉 나라 이름 |

원래 나라 이름은 조선朝鮮인데, 위만 조선과 구분하기 위해 '옛 고(古)' 를 덧붙인 것.

⓪⓪8

홍익인간 弘益人間

| 弘 (크고) 넓다 홍 | 益 이롭다 익 | 人 사람 인 | 間 사이 간 |

고조선의 건국 이념으로, '널리 인간을 이롭게 한다' 는 뜻.

⓪⓪9

철기 시대 鐵器時代

| 鐵 쇠 철 | 器 그릇, 기구 기 | 時 때 시 | 代 대신하다, 시대 대 |

청동보다 더욱 단단한 철기를 도구로 사용한 시기.

⓪①⓪

제천 행사 祭天行事

| 祭 제사 제 | 天 하늘 천 | 行 다니다, 행하다 행 | 事 일 사 |

우리 민족의 고대 신앙 행사.

⓪①①

서옥제 壻屋制

| 壻 사위 서 | 屋 집 옥 | 制 만들다, 제도 제 |

남자가 결혼한 뒤 신부 집의 뒤꼍에 조그만 집을 짓고 살다가, 자식이 장성하면 아내를 데리고 신랑 집으로 돌아가는 제도.

2. 삼국의 성립과 발전

삼국의 형성

⓪①2

율령 律令

| 律 법률 률 | 令 명령하다, 법률 령 |

율律(형법) · 령令(행정 법규) · 격格(율령을 변경할 수 있도록 만든 장치) · 식式(시행 세칙)에서 따온 말로 '모든 국법' 을 가리킴.

⓪①3

제가 회의 諸加會議

| 諸 모두 제 | 加 더하다, 벼슬 이름 가 | 會 모이다 회 | 議 의논하다 의 |

고구려의 부족장 회의.

⓪①4

정사암 회의 政事巖會議

| 〈政 정치 정 | 事 일 사 | 巖 바위 암〉 바위 이름 | 會 모이다 회 | 議 의논하다 의 |

백제 귀족의 회의.

⓪①5

골품 제도 骨品制度

| 骨 뼈 골 | 品 물건, 벼슬의 등급 품 | 制 만들

다, 제도 **제** | 度 ~한정도, 법도 **도** |

'骨' 은 왕족인 진골眞骨과 성골聖骨이고, '品' 은 품계를 가진 귀족으로, 骨과 品으로 나누는 제도.

⓪①⑥
화백 회의 和白會議

| 和 사이가 좋다 **화** | 白 희다 **백** | 會 모이다 **회** | 議 의논하다 **의** |

신라의 귀족 대표가 모여서 하는 최고 회의.

삼국의 발전

⓪①⑦
광개토대왕릉비 廣開土大王陵碑

| 〈廣 넓다, 넓히다 **광** | 開 열다 **개** | 土 흙, 땅 **토** | 大 크다, 존경·찬미하는 말 **대** | 王 임금 **왕**〉 호칭 | 陵 큰 언덕, 무덤 **릉** | 碑 비석 **비** |

장수왕이 아버지의 업적을 기리는 뜻에서, 지금의 중국 지린성[길림성吉林省] 지안현[집안현集安縣] 퉁거우[통구通溝]에 세운 고구려 제19대 광개토대왕의 비석으로 광개토대왕릉에 있음.

⓪①⑧
화랑도 花郎徒

| 花 꽃 **화** | 郎 사나이 **랑** | 徒 무리 **도** |

신라 시대의 청소년 수련 단체.

⓪①⑨
세속 5계 世俗五戒

| 世 세상 **세** | 俗 속세 **속** | 五 다섯 **오** | 戒 경계하다 **계** |

원광 법사가 말한 세속에서 지켜야 할 5가지 계율.

⓪②⓪
사군이충 事君以忠

| 事 일, 섬기다 **사** | 君 임금 **군** | 以 ~로써 **이** | 忠 충성 **충** |

임금을 충성으로 섬길 것.

⓪②①
사친이효 事親以孝

| 事 일, 섬기다 **사** | 親 친하다, 어버이 **친** | 以 ~로써 **이** | 孝 효도 **효** |

부모를 효성으로 섬길 것.

⓪②②
교우이신 交友以信

| 交 사귀다 **교** | 友 친구 **우** | 以 ~로써 **이** | 信 믿다 **신** |

친구를 신의로써 사귈 것.

⓪②③
임전무퇴 臨戰無退

| 臨 임하다 **림** | 戰 싸우다 **전** | 無 없다 **무** | 退 물러나다 **퇴** |

전쟁에 나가서 물러서지 않을 것.

⓪②④
살생유택 殺生有擇

| 殺 죽이다 **살** | 生 살다 **생** | 有 있다 **유** | 擇 가려 내다 **택** |

생물을 죽일 때 가림이 있을 것.

3. 통일신라와 발해

통일신라와 발해의 발전

⑩②⑤

만파식적 萬波息笛

| 萬 만, 모든 **만** | 波 물결, 평온하지 아니한 일 **파** | 息 쉬다 **식** | 笛 피리 **적** |

신라 제31대 신문왕 2년(682)에 제작된 피리.

⑩②⑥

녹읍 祿邑

| 祿 봉급 **록** | 邑 고을, 영지(領地) **읍** |

신라에서 귀족 · 관리들의 경제적 생활을 마련하기 위해 만든 제도.

⑩②⑦

관료전 官僚田

| 官 벼슬 **관** | 僚 벼슬아치 **료** | 田 밭 **전** |

신라 중대 전제 왕권이 성립되면서 왕권을 강화하고 귀족 세력의 경제적 기반을 약화시키기 위해 신문왕이 실시한 토지 제도.

⑩②⑧

신라방 新羅坊

| 〈新 새롭다 **신** | 羅 나열하다, 그물 **라**〉 나라

이름 | 坊 동네 **방** |

당나라 산둥반도와 화이허(황하黃河) 하류 일대에 있었던 신라인 마을.

⑩②⑨

신라소 新羅所

| 〈新 새롭다 **신** | 羅 나열하다, 그물 **라**〉 나라 이름 | 所 장소, 관청 **소** |

신라방과 신라 상인을 관할하던 관청.

⑩③⑩

신라원 新羅院

| 〈新 새롭다 **신** | 羅 나열하다, 그물 **라**〉 나라 이름 | 院 집 **원** |

신라방에 있던 절.

⑩③①

왕오천축국전 往五天竺國傳

| 往 가다 **왕** | 五 다섯 **오** | 〈天 하늘 **천** | 竺 나라 이름 **축**〉 나라 이름 | 國 나라 **국** | 傳 전하다, 기록 **전** |

통일신라 때 승려 혜초가 만 4년에 걸쳐 인도의 다섯 나라와 근처의 여러 나라에 가서 보고 들은 각 나라의 정세 · 생활 · 풍속 등을 실은 책.

⑩③②

해동성국 海東盛國

| 海 바다 **해** | 東 동쪽 **동** | 盛 왕성하다 **성** | 國 나라 **국** |

발해의 전성 시기에 당나라로부터 들은 칭호.

⓪③③

6두품 六頭品

| 六 여섯 **륙** | 頭 머리, 우두머리 **두** | 品 물건,
벼슬의 등급 **품** |

신라 골품제의 성골 · 진골 다음 가는 등급.

⓪③④

호족 豪族

| 豪 뛰어난 사람, 신분이 높거나 부자인 사람
호 | 族 겨레, 무리 **족** |

한 지역에서 오래 전부터 촌락민을 통제하며
세력을 키워 온 지방의 토착 세력.

⓪③⑤

교종 敎宗 · 선종 禪宗

| 敎 가르치다 **교** | 禪 참선 **선** | 宗 근본, 갈래 **종** |

교종은 석가의 설교와 후세에 내려오는 경전
經典의 가르침을 통해 깨달음을 얻으려는 종
파.

선종은 참선에 의하여 마음으로 진리를 깨우
치려는 불교의 종파.

1. 유적과 유물

⓪⓪①

유적 遺蹟

| 遺 남기다 유 | 蹟 자취 적 |

과거 사람들의 행위가 공간적으로 집중된 물질적 증거로, 인간들의 행동이 행해진 흔적이 남아 있는 곳.

⓪⓪②

유물 遺物

| 遺 남기다 유 | 物 사물 물 |

과거 사람들의 행동 결과로 남아 있는 물건. 그 안에는 당시 사람들의 생활과 의식이 담겨 있음.

2. 국보와 보물

⓪⓪③

국보 國寶

| 國 나라 국 | 寶 보배 보 |

보물급 문화재 중 국가가 법적으로 지정한 유형 문화재.

⓪⓪④

보물 寶物

| 寶 보배 보 | 物 사물 물 |

유형 문화재 중 중요한 것으로 문화재위원회의 심의를 거쳐 결정된 것을 통틀어 말함.

⓪⓪⑤

사적 史蹟

| 史 역사 사 | 蹟 자취 적 |

기념물 가운데 역사적·학술적·관상적觀賞的·예술적 가치가 큰 것으로, 국가가 법적으로 지정한 문화재.

0001

우의 寓意

|寓 핑계삼다 우 | 意 뜻 의 |

어떤 의미를 직접 말하지 않고 다른 사물에 빗대어 넌지시 표현하는 것.

0002

우화 寓話

|寓 핑계삼다 우 | 話 이야기 화 |

인간이 처한 정황이나 일상사에 관계된 내용을 동식물이나 다른 사물에 빗대어 꾸며 낸 이야기.

0003

시조 時調

|時 때 시 | 調 조절하다, 가락 조 |

고려 중기에 발생하여 고려 말엽에 완성된 시가 장르로, 주로 조선 시대에 가창되었음.

0004

단가 短歌

|短 짧다 단 | 歌 노래 가 |

시조時調의 다른 명칭. 분량이 길어 장가長歌라고 불리는 고려 가요나 가사歌辭와 구별하여 쓰는 장르명.

0005

평시조 平時調

|平 평평하다, 보통 평 | 時 때 시 | 調 조절하다, 가락 조 |

3장 6구 45자의 기본 음수율을 지닌 시조.

0006

고소설 古小說

|古 옛 고 | 小 작다 소 | 說 밝히어 말하다, 이야기 설 |

개화기 이전인 조선 시대에 쓰여진 소설을 모두 일컫는 말. = 고전소설.

0007

전기소설 傳奇小說

|傳 전하다 전 | 奇 기이하다 기 | 小 작다 소 | 說 밝히어 말하다, 이야기 설 |

공상적이고 괴이한 내용을 세상에 전하는 소설.

008

작자 미상 作者未詳

| 作 만들다 **작** | 者 사람 **자** | 未 아직 ~않다 **미** | 詳 자세하다 **상** |

오랫동안 구전되어 온 대부분의 설화나 일부 고소설과 같이 특정 작가를 알 수 없는 경우에 쓰이는 말.

009

민요 民謠

| 民 백성 **민** | 謠 노래 **요** |

민간에서 여러 사람들에 의해 만들어져 입으로 전해진 노래로, 민중들의 의식과 정서가 잘 나타남.

010

신소설 新小說

| 新 새롭다 **신** | 小 작다 **소** | 說 밝히어 말하다, 이야기 **설** |

갑오경장 이후 계몽, 자주 독립, 계급 타파, 자유 연애 등을 주제로 삼아 쓰여진 새로운 형태의 소설.

011

서정시 抒情詩

| 抒 펴다 **서** | 情 (느끼어 일어나는) 마음 **정** | 詩 시 **시** |

시인의 사상이나 감정을 주관적으로 읊은 시.

012

서사시 敍事詩

| 敍 차례대로 설명하다 **서** | 事 일 **사** | 詩 시 **시** |

국가나 민족의 역사적 사건에 얽힌 신화나 전설 또는 영웅의 사적 등을 읊은 장시.

013

극시 劇詩

| 劇 연극 **극** | 詩 시 **시** |

서정시抒情詩, 서사시敍事詩와 함께 시의 3대 장르 중 하나로, 희곡의 형식으로 쓰여진 시.

014

정형시 定型詩

| 定 정하다 **정** | 型 기본 틀 **형** | 詩 시 **시** |

글자 수, 구句나 행行의 수, 운자韻字 등이 일정한 규칙에 의해 정해진 시. ↔ 자유시.

015

자유시 自由詩

| 自 스스로 **자** | 由 말미암다 **유** | 詩 시 **시** |

정형적인 리듬에서 벗어나 자유로운 가락으로 이루어진 현대시. ↔ 정형시.

016

순수시 純粹詩

| 純 순수하다 **순** | 粹 순수하다 **수** | 詩 시 **시** |

이념·사상의 전달을 배제하고, 순수하게 정서를 자극하는 표현의 기능만을 활용하여 지은 시. ↔ 참여시.

017

참여시 參與詩

| 參 참여하다 **참** | 與 주다, 편을 들다 **여** | 詩

부당한 권력에 저항하거나 사회적 부조리를 비판, 고발하는 내용을 담은 시. ↔ 순수시.

018

전원시 田園詩

| 田 밭 **전** | 園 동산 **원** | 詩 시 **시** |

현대 문명에 찌든 일상에서 벗어나 농촌이나 건강한 자연의 세계를 동경하는 경향의 시.

019

회화시 繪畫詩

| 繪 그림 **회** | 畫 그림 **화** | 詩 시 **시** |

풍경 묘사에 치우쳐 한 폭의 그림을 보는 듯한 느낌이 들게 하는 시.

020

운율 韻律

| 韻 울림, 노래의 곡조 **운** | 律 법률, 가락 **률** |

시의 음악적 요소로, 음절 수나 소리의 고저 · 장단 · 강약 등의 반복에 의한 리듬 등을 말함.

021

내재율 內在律

| 內 안 **내** | 在 (~에) 있다 **재** | 律 법률, 가락 **률** |

자유시에서 그 내용이나 시어의 배치 등을 통해 느낄 수 있는 잠재적인 운율. ↔ 외재율, 외형율.

022

외재율 外在律

| 外 바깥 **외** | 在 (~에) 있다 **재** | 律 법률, 가락 **률** |

겉으로 드러나 있는 시의 율격. = 외형률 ↔ 내재율.

023

외형률 外形律

| 外 바깥 **외** | 形 모양 **형** | 律 법률, 가락 **률** |

겉으로 모양을 갖춘 율격. = 외재율 ↔ 내재율.

024

심상 心象

| 心 마음 **심** | 象 코끼리, 모양 **상** |

연상 작용에 의해 마음속에 그려지는 어떤 사물의 모양이나 느낌. = 이미지(image).

025

두운 頭韻

| 頭 머리, 첫머리 **두** | 韻 울림 **운** |

리듬을 만들어 내기 위해 시행의 첫머리에 반복하여 붙이는 운율.

026

각운 脚韻

| 脚 다리, 밑부분 **각** | 韻 울림 **운** |

리듬을 만들어 내기 위해 시행의 끝에 반복하여 붙이는 운율.

027

시상 詩想

| 詩 시 **시** | 想 생각하다 **상** |

시를 짓기 위한 시인의 착상이나 구상으로, 시에 나타난 사상이나 감정.

⓪②⑧

감정 이입 感情移入

| 感 느끼다 **감** | 情 (느끼어 일어나는) 마음 **정** | 移 옮기다 **이** | 入 들어가다, 넣다 **입** |

시에서 화자의 정서를 다른 사물을 통해 대신 전달하는 방법.

⓪②⑨

공감각 共感覺

| 共 함께 **공** | 感 느끼다 **감** | 覺 깨닫다, 느끼다 **각** |

시에서 두 가지 이상의 감각이 함께 느껴지는 경우를 일컫는 말.

⓪③⓪

수미상관 首尾相關

| 首 머리 **수** | 尾 꼬리 **미** | 相 서로 **상** | 關 빗장, 관계하다 **관** |

시에서 첫 연의 내용을 끝 연에 다시 반복하는 구성 방법. = 수미쌍관首尾雙關.

⓪③①

소설 小說

| 小 작다 **소** | 說 밝히어 말하다, 이야기 **설** |

작가가 경험하거나 구상한 사건 속에 인생 의미를 형상화하여 독자를 감동시키는 문학의 한 형태.

⓪③②

허구 虛構

| 虛 비다, 거짓 **허** | 構 얽어매다 **구** |

소설이나 희곡 등에서 실제로 없는 이야기를 상상력으로 창작해 내는 것. = 픽션(fiction).

⓪③③

필연성 必然性

| 必 반드시 **필** | 然 그러하다 **연** | 性 성품, 성질 **성** |

현대 소설의 사건 구성이 갖추어야 할 사건과 사건과의 유기적인 관계. ↔ 개연성.

⓪③④

개연성 蓋然性

| 蓋 덮다, 대개 **개** | 然 그러하다 **연** | 性 성품, 성질 **성** |

현상의 발생 가능성이나 지식의 확실성의 정도. ↔ 필연성.

⓪③⑤

복선 伏線

| 伏 엎드리다, 숨다 **복** | 線 줄 **선** |

소설이나 희곡 등에서, 나중에 일어날 사건을 넌지시 암시하는 기법.

⓪③⑥

표음문자 表音文字

| 表 겉, 나타내다 **표** | 音 소리 **음** | 文 글, 글자 **문** | 字 글자 **자** |

말소리를 기호로 나타내는 문자. = 소리글자 ↔ 표의문자.

037

표의문자 表意文字

| 表 겉, 나타내다 표 | 意 뜻 의 | 文 글, 글자 문 | 字 글자 자 |

그림에 의하거나 사물의 형상을 그대로 베끼거나 하여서, 시각視覺에 의하여 의미를 전달하는 문자. = 뜻글자.

038

언문 諺文

| 諺 속된 말 언 | 文 글 문 |

예전에 한글을 낮추어 이르던 말.

039

표준어 標準語

| 標 표시하다 표 | 準 법도 준 | 語 말씀 어 |

교육적·문화적 편의를 위하여 한 나라의 표준이 되게 정한 말. ↔ 방언.

040

방언 方言

| 方 방향, 지역 방 | 言 말씀 언 |

표준어와 다른 어떤 지역이나 지방에서만 쓰는 특이한 언어. = 사투리 ↔ 표준어.

041

고유어 固有語

| 固 굳다, 본래 고 | 有 있다 유 | 語 말씀 어 |

그 나라 민족의 역사와 함께 변천·발달해 온 고유의 언어. ↔ 외래어.

042

외래어 外來語

| 外 바깥 외 | 來 오다 래 | 語 말씀 어 |

외국어에서 빌려 마치 국어처럼 쓰는 말. = 차용어 ↔ 고유어.

043

차용어 借用語

| 借 빌려오다 차 | 用 (물건을) 쓰다 용 | 語 말씀 어 |

새로운 사물이나 사상을 지칭하기 위해 외국에서 빌려 써 국어로 동화된 말. = 외래어 ↔ 고유어.

044

은어 隱語

| 隱 숨다 은 | 語 말씀 어 |

특수한 집단이나 계층 또는 사회에서, 말이 갖는 의미를 남이 모르게 숨겨 자기네끼리만 쓰는 말.

045

의성어 擬聲語

| 擬 본뜨다 의 | 聲 소리 성 | 語 말씀 어 |

사물이나 동물의 소리를 흉내낸 말.

046

의태어 擬態語

| 擬 본뜨다 의 | 態 모양 태 | 語 말씀 어 |

사물이나 동물의 모양이나 움직임을 흉내낸 말.

047

어휘 語彙

| 語 말씀 어 | 彙 무리 휘 |

어떤 범위에서 쓰이는 낱말 전체를 말함.

048

형태소 形態素

| 形 모양 형 | 態 모양 태 | 素 바탕 소 |

의미를 지닌 가장 작은 말의 단위.

049

실사 實辭

| 實 실제 실 | 辭 말씀 사 |

체언이나 용언의 어간과 같이 실질적인 의미가 있는 말. = 실질 형태소 ↔ 허사.

050

허사 虛辭

| 虛 비다 허 | 辭 말씀 사 |

어미語尾나 조사助詞와 같이 실질적인 의미가 없이 문법적 관계만을 나타내는 말. = 형식 형태소.

051

어절 語節

| 語 말씀 어 | 節 마디 절 |

문장을 구성하고 있는 도막도막의 마디로, 대개 띄어쓰기의 단위와 일치함.

052

구 句

| 句 구절 구 |

둘 이상의 어절로 문장의 한 성분이 되는 말.

053

품사 品詞

| 品 물건, 종류 품 | 詞 말씀 사 |

단어를 문법상의 의미, 직능, 형태에 따라 분류한 갈래.

054

자립명사 自立名詞

| 自 스스로 자 | 立 서다 립 | 名 이름 명 | 詞 말씀 사 |

다른 말의 도움 없이 자립적으로 쓰이는 명사. = 실질명사, 완전명사 ↔ 의존 명사.

055

의존명사 依存名詞

| 依 기대다 의 | 存 있다 존 | 名 이름 명 | 詞 말씀 사 |

자립하지 못하고 관형어에 의존하여 쓰이는 명사. = 불완전명사.

056

고유명사 固有名詞

| 固 굳다, 오로지 고 | 有 있다 유 | 名 이름 명 | 詞 말씀 사 |

현실 세계에 오로지 하나만 존재하는 대상을 가리키는 명사. ↔ 보통명사.

057

보통명사 普通名詞

| 普 보통 보 | 通 통하다 통 | 名 이름 명 | 詞 말씀 사 |

사물에 두루 쓰이는 이름을 나타내는 말. = 일반명사, 두루이름씨.

⑤⑧

대명사 代名詞

| 代 대신하다 대 | 名 이름 명 | 詞 말씀 사 |

사람이나 처소나 사물의 이름을 대신하여 나타내는 말. = 대이름씨.

⑤⑨

인칭대명사 人稱代名詞

| 人 사람 인 | 稱 부르다 칭 | 代 대신하다 대 | 名 이름 명 | 詞 말씀 사 |

사람을 이름 대신 가리키는 대명사.

⑥⓪

지시대명사 指示代名詞

| 指 손가락, 가리키다 지 | 示 보이다, 지시하다 시 | 代 대신하다 대 | 名 이름 명 | 詞 말씀 사 |

사물이나 처소를 대신하여 지시하는 대명사.

⑥①

수사 數詞

| 數 숫자 수 | 詞 말씀 사 |

사물의 수량이나 순서를 나타내는 말.

⑥②

체언 體言

| 體 몸 체 | 言 말씀 언 |

조사의 도움을 받아 문장에서 주체, 서술, 수식 등의 구실을 하는 말.

⑥③

조사 助詞

| 助 돕다 조 | 詞 말씀 사 |

문장에서 자립형태소에 붙어서 그 말과 다른 말과의 문법적 관계를 나타내거나 뜻을 더하여 주는 단어.

⑥④

보조사 補助詞

| 補 보태다 보 | 助 돕다 조 | 詞 말씀 사 |

체언에 일정한 격格을 규정하지 않고, 여러 격으로 두루 쓰여 어떤 뜻을 더해 주는 조사. = 도움토씨, 특수 조사.

⑥⑤

관형사 冠形詞

| 冠 갓, 갓 쓰다 관 | 形 모양 형 | 詞 말씀 사 |

품사의 하나로, 체언(명사, 대명사, 수사 등) 앞에서 체언의 내용을 구체적으로 꾸며 주는 말.

⑥⑥

부사 副詞

| 副 다음, 뜻을 한정시키다 부 | 詞 말씀 사 |

용언 또는 다른 부사 앞에 놓이어 그 뜻을 한정하는 말.

⑥⑦

접속어 接續語

| 接 닿다 **접** | 續 잇다 **속** | 語 말씀 **어** |

문장 가운데의 두 성분, 또는 문장과 문장을 이어 주는 말.

⑥⑥⑧

수식언 修飾言

| 修 닦다, 꾸미다 **수** | 飾 꾸미다 **식** | 言 말씀 **언** |

문장에서, 체언이나 용언 앞에 놓여 그 뜻을 꾸미거나 한정하는 단어.

⑥⑥⑨

동사 動詞

| 動 움직이다 **동** | 詞 말씀 **사** |

사람이나 사물의 움직임, 작용을 나타내는 말.

⑥⑦⑩

자동사 自動詞

| 自 스스로 **자** | 動 움직이다 **동** | 詞 말씀 **사** |

움직임의 대상인 목적어를 필요로 하지 않고 주어 자체만의 움직임을 나타내는 동사.

⑥⑦①

타동사 他動詞

| 他 남 **타** | 動 움직이다 **동** | 詞 말씀 **사** |

자체만으로는 뜻을 이룰 수 없고, 움직임의 대상인 목적어가 있어야만 뜻을 이룰 수 있는 동사.

⑥⑦②

형용사 形容詞

| 形 모양 **형** | 容 받아들이다, 모습 **용** | 詞 말씀 **사** |

사람이나 사물의 성질이나 상태, 또는 존재를 나타내는 말.

⑥⑦③

용언 用言

| 用 (물건을) 쓰다 **용** | 言 말씀 **언** |

문장의 주체를 서술하는 기능을 가진 말.

⑥⑦④

기본형 基本形

| 基 기초 **기** | 本 근본 **본** | 形 모양 **형** |

다양한 어미가 붙어 변화하기 이전의 용언의 본디 모양.

⑥⑦⑤

명사형 名詞形

| 名 이름 **명** | 詞 말씀 **사** | 形 모양 **형** |

동사나 형용사와 같은 용언의 어간에 명사형 어미가 붙어 명사 구실을 하는 것.

⑥⑦⑥

부사형 副詞形

| 副 다음, 뜻을 한정시키다 **부** | 詞 말씀 **사** | 形 모양 **형** |

용언이 활용할 때, '-아(어)·-게·-지·-고' 등의 어미가 붙어 부사어의 구실을 하는 어형.

⑥⑦⑦

활용 活用

| 活 살다 **활** | 用 (물건을) 쓰다 **용** |

용언의 어미나 서술격조사의 쓰임에 따라 다양하게 문법적 관계를 나타내는 것.

078

어간 語幹

| 語 말씀 어 | 幹 줄기, 뼈대 간 |

용언의 활용에서 변하지 않는 뼈대가 되는 부분.

079

어미 語尾

| 語 말씀 어 | 尾 꼬리, 끝 미 |

용언이 활용할 때에 변하는 부분으로, 형태를 바꾸어 가며 문법적 관계를 나타내는 말.

080

음운 音韻

| 音 소리 음 | 韻 울림 운 |

말의 뜻을 구별하여 주는 소리의 최소 단위로, 모든 사람이 동일한 음가로 생각하는 보편적인 소리.

081

음성 音聲

| 音 소리 음 | 聲 소리 성 |

사람의 발음 기관을 통해 내는 소리로, 개인에 따라 달라지는 구체적이고 물리적인 소리.

082

음절 音節

| 音 소리 음 | 節 마디 절 |

사람이 한 숨에 낼 수 있는 소리의 덩어리로, 음운이 모여져 이루어지는 소리의 마디.

083

유성음 有聲音

| 有 있다 유 | 聲 소리 성 | 音 소리 음 |

소리 낼 때 목청을 울리어 내는 소리. 모든 모음과 'ㄴ', 'ㄹ', 'ㅁ', 'ㅇ'이 이에 해당함.

084

무성음 無聲音

| 無 없다 무 | 聲 소리 성 | 音 소리 음 |

목청을 떨어 울리지 않고 내는 소리. 'ㄴ', 'ㄹ', 'ㅁ', 'ㅇ'을 제외한 모든 자음.

085

자음 子音

| 子 아들 자 | 音 소리 음 |

날숨으로 소리를 낼 때 목 안이나 입 안에서 장애를 받고 나는 소리.

086

모음 母音

| 母 어머니 모 | 音 소리 음 |

날숨으로 목청을 울려 내는 소리로, 입 안에서 장애를 받지 않고 순하게 나오는 소리.

087

단모음 單母音

| 單 혼자 단 | 母 어머니 모 | 音 소리 음 |

처음부터 끝까지 같은 소리로 소리 나는 모음.

088

이중모음 二重母音

|二 둘 **이** | 重 무겁다, 거듭하다 **중** | 母 어머니 **모** | 音 소리 **음** |

소리 낼 때, 입술 모양이나 혀의 위치가 처음과 나중이 달라지는 모음.

⓪⑧⑨

복모음 複母音

| 複 겹치다 **복** | 母 어머니 **모** | 音 소리 **음** |

두 모음이 겹친 모음.

⓪⑨⓪

단의어 單義語

| 單 혼자 **단** | 義 옳다, (말이나 글의) 뜻 **의** | 語 말씀 **어** |

한 소리에 한 개의 의미가 맞붙어 있는 단어.

⓪⑨①

다의어 多義語

| 多 많다 **다** | 義 옳다, (말이나 글의) 뜻 **의** | 語 말씀 **어** |

한 소리에 여러 가지 주변적 의미가 맞붙어 있는 단어.

⓪⑨②

동음이의어 同音異義語

| 同 같다 **동** | 音 소리 **음** | 異 다르다 **이** | 義 옳다, (말이나 글의) 뜻 **의** | 語 말씀 **어** |

소리는 같으나 뜻이 다른 말.

⓪⑨③

유의어 類義語

| 類 종류, 비슷하다 **류** | 義 옳다, (말이나 글의) 뜻 **의** | 語 말씀 **어** |

뜻이 비슷한 말.

⓪⑨④

동의어 同義語

| 同 같다 **동** | 義 옳다, (말이나 글의) 뜻 **의** | 語 말씀 **어** |

어형語形은 다르나 뜻이 같은 말.

⓪⑨⑤

반의어 反義語

| 反 되돌리다, 거스르다 **반** | 義 옳다, (말이나 글의) 뜻 **의** | 語 말씀 **어** |

반대의 뜻을 가진 말, 반대말.

⓪⑨⑥

상의어 上義語

| 上 위 **상** | 義 옳다, (말이나 글의) 뜻 **의** | 語 말씀 **어** |

다른 단어의 의미를 포함하는 단어.

⓪⑨⑦

하의어 下義語

| 下 아래 **하** | 義 옳다, (말이나 글의) 뜻 **의** | 語 말씀 **어** |

다른 단어의 의미에 포함되는 단어.

⓪⑨⑧

초성 初聲

| 初 처음 **초** | 聲 소리 **성** |

음절의 첫 부분에 해당하는 소리로, 음절의 첫 자음을 가리킴.

⑨⑨ 중성 中聲

| 中 가운데 중 | 聲 소리 성 |

음절의 가운데 위치한 소리로, 음절의 자음과 받침 사이의 모음을 가리킴.

⑩⑩ 종성 終聲

| 終 끝나다 종 | 聲 소리 성 |

음절의 끝소리, 즉 받침 소리.

⑩① 단락 段落

| 段 부분 단 | 落 떨어지다 락 |

내용에 따라 구분되어 떨어진 글의 일부분.

⑩② 두괄식 頭括式

| 頭 머리, 첫머리 두 | 括 묶다 괄 | 式 형식 식 |

글의 앞부분에 주제, 또는 필자가 말하고자 하는 핵심적인 내용을 묶어 놓는 서술 방식.

⑩③ 미괄식 尾括式

| 尾 꼬리, 끝 미 | 括 묶다 괄 | 式 형식 식 |

글의 뒷부분에 주제, 또는 필자가 말하고자 하는 핵심적인 내용을 묶어 놓는 서술 방식.

⑩④ 양괄식 兩括式

| 兩 둘 량 | 括 묶다 괄 | 式 형식 식 |

글의 첫부분과 끝부분 양쪽에 주제를 묶어 놓는 글쓰는 방식.

⑩⑤ 병렬식 竝列式

| 竝 나란히 하다 병 | 列 줄지어 놓다 렬 | 式 형식 식 |

문장의 주제, 또는 핵심적인 내용을 차례로 늘어놓는 글의 전개 방식.

⑩⑥ 운문 韻文

| 韻 울림, 노래의 곡조 운 | 文 글 문 |

언어 문자의 배열에 일정한 규칙이 있어 리듬감을 느낄 수 있는 글.

⑩⑦ 산문 散文

| 散 흩어지다, 문체 이름 산 | 文 글 문 |

글자 수나 운율의 제한 없이 자유롭게 쓴 보통의 글.

⑩⑧ 수필 隨筆

| 隨 따라가다 수 | 筆 붓 필 |

일정한 형식 없이 체험이나 감상, 의견 등을 생각나는 대로 자유롭게 쓴 글.

⑩⑨

설명문 說明文

| 說 밝히어 말하다 **설** | 明 밝다, 밝히다 **명** |
文 글 **문** |

어떤 대상에 대한 이해를 돕기 위해 체계적인 지식과 정확한 정보를 가지고 객관적인 태도로 쓴 글.

⑪⓪

논설문 論說文

| 論 논의하다 **론** | 說 밝히어 말하다 **설** | 文 글 **문** |

자신의 의견이나 주장을 논리적으로 체계를 세워서 쓴 글.

⑪⑪

연설 演說

| 演 실제로 행하다, 설명하다 **연** | 說 밝히어 말하다 **설** |

많은 사람 앞에서 자기의 주장, 주의, 사상, 의견 등을 말함.

⑪②

기사 記事

| 記 기록하다 **기** | 事 일 **사** |

신문이나 잡지 등에 어떤 사실을 기록하여 알리는 글.

⑪③

사설 社說

| 社 단체 **사** | 說 밝히어 말하다 **설** |

신문이나 잡지 따위에서 자기 회사의 주장을 실은 글.

⑪④

비어 卑語

| 卑 천하다 **비** | 語 말씀 **어** |

상스럽고 천한 말.

⑪⑤

속어 俗語

| 俗 속세 **속** | 語 말씀 **어** |

민간에서 통속적으로 쓰이는 속된 말, 또는 상스러운 말.

⑪⑥

첩어 疊語

| 疊 겹치다 **첩** | 語 말씀 **어** |

똑같은 말이나 비슷한 말끼리 겹쳐져 된 말.

⑪⑦

인용 引用

| 引 당기다 **인** | 用 (물건을) 쓰다 **용** |

고사성어나 격언, 다른 사람의 글이나 말 가운데서 필요한 부분만을 끌어다가 쓰는 것.

⑪⑧

고전 古典

| 古 옛 **고** | 典 책 **전** |

옛날에 쓰여진 것으로 후세에 전해질 만큼의 훌륭한 가치가 있는 책들.

⑪⑪⑨

출전 出典

| 出 나가다, 나오다 **출** | 典 책 **전** |

인용한 고사故事나 숙어 등의 글이 원래 나오는 책.

⑪②⓪

구상 具象

| 具 갖추다 **구** | 象 코끼리, 모양 **상** |

어떤 사물이 머릿속에서뿐만 아니라, 실제로 보이고 만져지는 뚜렷한 형체를 갖추고 있는 것.

⑪②①

추상 抽象

| 抽 뽑다 **추** | 象 코끼리, 모양 **상** |

개별적인 여러 사물이나 구체적 개념들로부터 공통적인 모양을 뽑아 일반적인 개념으로 만드는 것.

⑪②②

극적 劇的

| 劇 연극 **극** | 的 ~한 성질을 띤 **적** |

연극을 보는 것처럼 감격적이고 인상적인 장면을 가리킬 때 쓰는 말.

⑪②③

동적 動的

| 動 움직이다 **동** | 的 ~한 성질을 띤 **적** |

'활기 차게 움직이는, 또는 움직이는 듯한' 이란 뜻.

⑪②④

정적 靜的

| 靜 고요하다 **정** | 的 ~한 성질을 띤 **적** |

'고요히 움직이지 않고 가만히 있는' 이란 뜻.

⑪②⑤

전형적 典型的

| 典 책, 법 **전** | 型 기본 틀 **형** | 的 ~한 성질을 띤 **적** |

'같은 종류의 것 중, 그것의 일반적이고 본질적인 특성을 가장 많이 지닌' 이란 뜻.

⑪②⑥

회화적 繪畵的

| 繪 그림 **회** | 畵 그림 **화** | 的 ~한 성질을 띤 **적** |

풍경 묘사를 위주로 하여 한 폭의 그림을 보는 듯한 느낌이 들게 하는 시나 글의 특성.

⑪②⑦

서사 敍事

| 敍 차례대로 설명하다 **서** | 事 일 **사** |

사실이나 사건 따위를 있는 그대로 적는 것.

⑪②⑧

묘사 描寫

| 描 그리다 **묘** | 寫 베끼다 **사** |

어떤 사물을 눈에 보이는 그대로 생생하게 그리듯이 표현하는 서술 방식.

⑪②⑨

내포 內包

| 內 안 **내** | 包 감싸다 **포** |

어떤 개념의 안에 포함되어 있는 여러 속성.

⑬⑬⓪

외연 外延

| 外 바깥 **외** | 延 (시간을) 끌다, 미치다 **연** |

어떤 개념이 밖으로 미치는 명제나 사물의 지시 범위.

⑬③①

육하원칙 六何原則

| 六 여섯 **륙** | 何 어찌 **하** | 原 근원 **원** | 則 법칙 **칙** |

기사 작성의 원칙으로, '누가 · 언제 · 어디서 · 무엇을 · 왜 · 어떻게'의 여섯 가지 조건.

⑬③②

호응 呼應

| 呼 부르다 **호** | 應 응하다 **응** |

한 문장에서, 어떤 특정한 말 뒤에는 특정한 말만이 오게 되는 제약적 쓰임.

⑬③③

제재 題材

| 題 제목 **제** | 材 재목, 재료 **재** |

글을 쓸 때, 주제를 효과적으로 전달하기 위한 재료.

⑬③④

소재 素材

| 素 바탕 **소** | 材 재목, 재료 **재** |

글이나 예술 작품의 토대나 기본 바탕이 되는 재료.

⑬③⑤

주제 主題

| 主 주인, 주되다 **주** | 題 제목 **제** |

작가가 전달하고자 하는 주된 내용, 또는 예술 작품이나 글의 중심이 되는 사상 · 내용.

⑬③⑥

개요 槪要

| 槪 대개 **개** | 要 중요하다 **요** |

글의 전체 내용을 한눈에 볼 수 있도록 나타낸 것.

⑬③⑦

논지 論旨

| 論 논의하다 **론** | 旨 내용 **지** |

말이나 글을 통해 논하려는 중심이 되는 내용.

⑬③⑧

논증 論證

| 論 논의하다 **론** | 證 증명하다 **증** |

몇 가지 전제를 바탕으로, 어떤 판단이나 주장이 논리적으로 옳다고 증명하는 것.

⑬③⑨

반증 反證

| 反 되돌리다, 거스르다 **반** | 證 증명하다 **증** |

어떤 주장에 대하여 그것을 부정할 증거를 드는 일, 또는 그 증거.

① ④ ⓪

논거 論據

| 論 논의하다 **론** | 據 의지하다 **거** |

글쓴이의 주장이나 논리가 성립하는 근거가 되는 것.

① ④ ①

구분 區分

| 區 (행정) 구역, 나누다 **구** | 分 나누다 **분** |

큰 항목에서 일정한 기준을 따라 작은 항목으로 단계적으로 나아가며 설명하는 방법.

① ④ ②

분류 分類

| 分 나누다 **분** | 類 종류 **류** |

어떤 대상이나 사물을 공통되는 성질에 따라 종류별로 가르는 것.

① ④ ③

분석 分析

| 分 나누다 **분** | 析 쪼개다 **석** |

어떤 대상이나 관념을 유기적으로 결합된 구성 요소들로 나누어 설명하는 방법.

① ④ ④

추론 推論

| 推 밀다, 미루어 헤아리다 **추** | 論 논의하다 **론** |

이치에 따라 어떤 일을 바탕으로 다른 것을 생각해 내고 논하는 것.

① ④ ⑤

문맥 文脈

| 文 글 **문** | 脈 맥, 줄기 **맥** |

서로 연결되는 글의 내용이나 줄거리.

① ④ ⑥

인과 관계 因果關係

| 因 원인 **인** | 果 열매, 결과 **과** | 關 빗장, 관계하다 **관** | 係 매다, 관계되다 **계** |

한 현상은 다른 현상의 원인이 되고, 그 다른 현상은 먼저의 현상의 결과가 되는 관계.

① ④ ⑦

정의 定義

| 定 정하다 **정** | 義 옳다, (말이나 글의) 뜻 **의** |

어떤 개념의 내용이나 용어의 뜻을 다른 것과 구별할 수 있도록 명확히 한정하는 일, 또는 그 뜻.

⓪⓪①

풍수지리설 風水地理說

| 風 바람 **풍** | 水 물 **수** | 地 땅 **지** | 理 이치 **리** |
| 說 밝히어 말하다 **설** |

지형·방위를 인간의 길흉화복과 관련시켜 죽은 사람을 매장하거나 집을 짓는 데 적당한 장소를 구하는 이론(풍수風水는 '바람을 막고 물을 얻는다'는 뜻의 장풍득수藏風得水를 줄인 말).

⓪⓪②

지형도 地形圖

| 地 땅 **지** | 形 모양 **형** | 圖 그림 **도** |

지표면의 형태·토지의 이용·취락 및 도로, 그 밖의 각종 공작물 등의 배치 상황을 자세하고도 정확하게 나타낸 지도.

⓪⓪③

주제도 主題圖

| 主 주인, 주되다 **주** | 題 제목 **제** | 圖 그림 **도** |

인구 분포, 교통, 기후와 같이 한 가지 또는 몇 가지 특정 사항만을 담은 지도.

⓪⓪④

일반도 一般圖

| 一 하나, 온통 **일** | 般 일반 **반** | 圖 그림 **도** |

표현할 수 있는 자연 및 인문 사항들을 전부 담은 지도.

⓪⓪⑤

축척 縮尺

| 縮 오그라들다, 줄이다 **축** | 尺 자(길이 단위) **척** |

지리적인 정보를 실제의 크기로 지도에 표현할 수 없기 때문에, 일정한 비율로 줄인 것.

⓪⓪⑥

등고선 等高線

| 等 등급, 같다 **등** | 高 높다 **고** | 線 줄 **선** |

평균 해수면으로부터의 높이가 같은 지점을 연결한 선.

⓪⓪⑦

계곡선 計曲線

| 計 (수를) 세다 **계** | 曲 휘다 **곡** | 線 줄 **선** |

1:50,000 지형도에서 100m를 표현한 가장 굵은 선.

⓪⓪⑧

주곡선 主曲線

| 主 주인, 주되다 **주** | 曲 휘다 **곡** | 線 줄 **선** |

등고선에서 가장 주가 되는 곡선이란 뜻으로, 1:50,000 지형도에서는 20m 간격으로 표시함.

⓪⓪⑨

등온선 等溫線

| 等 등급, 같다 **등** | 溫 따뜻하다 **온** | 線 줄 **선** |

지도상에서 온도가 같은 지점을 연결한 선.

⓪①⓪

회귀선 回歸線

| 回 돌다 **회** | 歸 돌아가다 **귀** | 線 줄 **선** |

지구상 적도赤道를 중심으로 하여 남북 23° 27′ 을 지나는 위선. 남위 23° 27′ 의 위선은 남회귀선南回歸線, 북위 23° 27′ 는 북회귀선北回歸線.

⓪①①

기후 氣候

| 氣 기운, 공기 **기** | 候 기후 **후** |

지구상의 어느 지역에 있어서 1년을 주기로 하여 반복하는 대기의 상태.

⓪①②

태양력 太陽曆

| 太 크다 **태** | 陽 햇볕, 양의 기운 **양** | 曆 달력 **력** |

태양의 운행을 기준으로 만든 역법曆法으로, 1년 365일과 4년마다 윤년을 둠.

⓪①③

태음력 太陰曆

| 太 크다 **태** | 陰 그늘, 음의 기운 **음** | 曆 달력 **력** |

달을 기준으로 하여 만든 역법曆法으로, 29일의 작은 달과 30일의 큰 달을 번갈아 배치하여 1년을 12달의 354일로 하고, 30년에 11일의 윤일을 둠.

⓪①④

태음태양력 太陰太陽曆

| 太 크다 **태** | 陰 그늘, 음의 기운 **음** | 太 크다 **태** | 陽 햇볕, 양의 기운 **양** | 曆 달력 **력** |

달의 운행(태음력)에 기준을 두면서 계절(태양력)에도 맞춘 역법曆法.

⓪①⑤

백야 白夜

| 白 희다 **백** | 夜 밤 **야** |

고위도 지방에서 해 뜨기 전이나 해가 진 뒤에 볼 수 있는 희미하게 밝은 현상.

⓪①⑥

열대 기후 熱帶氣候

| 熱 뜨겁다 **열** | 帶 띠, 근처 **대** | 氣 기운, 공기 **기** | 候 기후 **후** |

쾨펜(W. P. Koppen)의 기후 구분에서 A기후로 가장 추운 달 평균 기온이 18℃ 이상이고, 적도를 중심으로 남·북위 20° 사이에 나타나며, 대체로 일교차가 연교차보다 큰 기후.

온대 기후 溫帶氣候

| 溫 따뜻하다 온 | 帶 띠, 근처 대 | 氣 기운, 공기 기 | 候 기후 후 |

쾨펜(W. P. Koppen)의 기후 구분에서 C기후로, 가장 추운 달의 평균 기온이 −3℃~18℃ 사이인 기후.

서안 해양성 기후 西岸海洋性氣候

| 西 서쪽 서 | 岸 언덕 안 | 海 바다 해 | 洋 큰 바다 양 | 性 성품, 성질 성 | 氣 기운, 공기 기 | 候 기후 후 |

남 · 북위 40°~60°의 대륙 서안에 나타나는 기후.

고산 기후 高山氣候

| 高 높다 고 | 山 산 산 | 氣 기운, 공기 기 | 候 기후 후 |

높이에 따라 열대 · 온대 · 한대 기후가 차례로 나타나는 기후.

건조 기후 乾燥氣候

| 乾 마르다 건 | 燥 (물기가) 마르다 조 | 氣 기운, 공기 기 | 候 기후 후 |

연 강수량 500mm 미만으로 강수량이 적고, 증발량이 강수량보다 많은 기후.

습윤 기후 濕潤氣候

| 濕 축축하다 습 | 潤 젖다 윤 | 氣 기운, 공기 기 | 候 기후 후 |

강수량 증발 양이 많은 기후.

냉대 기후 冷帶氣候

| 冷 (온도가) 차다 랭 | 帶 띠, 근처 대 | 氣 기운, 공기 기 | 候 기후 후 |

쾨펜(W. P. Koppen)의 기후 구분에서 D기후로, 온대와 한대 사이에 있는 아한대 지방의 기후. 아한대 기후亞寒帶氣候라고도 함.

한대 기후 寒帶氣候

| 寒 (온도가) 차다 한 | 帶 띠, 근처 대 | 氣 기운, 공기 기 | 候 기후 후 |

쾨펜(W. P. Koppen)의 기후 구분에서 E기후로, 고위도에 있기 때문에 온도가 낮아 수목이 살 수 없는 한대 지방의 기후.

대륙성 기후 大陸性氣候

| 大 크다 대 | 陸 땅 륙 | 性 성품, 성질 성 | 氣 기운, 공기 기 | 候 기후 후 |

해양성 기후에 상대되는 기후로, 대륙 내부 지역의 기후.

일교차 日較差

| 日 날 일 | 較 비교하다 교 | 差 차이 차 |

하루의 최저 기온과 최고 기온의 차.

ⓞ②⑥

연교차 年較差

| 年 해 **년** | 較 비교하다 **교** | 差 차이 **차** |

1년 중 가장 따뜻한 달과 가장 추운 달의 기온 차이.

ⓞ②⑦

다우지 多雨地 · 소우지 少雨地

| 多 많다 **다** | 少 적다 **소** | 雨 비 **우** | 地 땅 **지** |

주변 지역에 비해 연평균 강수량이 많게 혹은 적게 나타나는 지역.

ⓞ②⑧

황사 현상 黃砂現象

| 黃 노랗다 **황** | 砂 모래 **사** | 現 나타나다 **현** | 象 코끼리, 모양 **상** |

봄철에 중국 대륙의 황토 지대로부터 우리나라로 먼지와 같은 가는 입자의 모래가 날아오는 현상.

ⓞ②⑨

태풍 颱風

| 颱 태풍 **태** | 風 바람 **풍** |

초여름부터 가을까지 경도 180° 선 서쪽의 북태평양 열대 해양에서 발생하여 우리나라 · 중국 · 일본 · 필리핀 일대에 폭풍우 · 홍수를 가져오는 열대성 저기압.

ⓞ③ⓞ

계절풍 季節風

| 季 계절 **계** | 節 마디, 절기 **절** | 風 바람 **풍** |

대륙과 해양의 열적인 차이와 상층 대기 대순환의 남북 이동과 관련하여 여름과 겨울의 풍향이 거의 반대가 되는 바람.

ⓞ③①

편서풍 偏西風

| 偏 치우치다 **편** | 西 서쪽 **서** | 風 바람 **풍** |

아열대 고압대에서 고위도 저압대(극전선)로 1년 내내 서쪽에서 동쪽으로 부는 바람.

ⓞ③②

식생 植生

| 植 심다, 초목 **식** | 生 살다 **생** |

지구의 지표상에 분포한 각종 식물.

ⓞ③③

온대림 溫帶林

| 溫 따뜻하다 **온** | 帶 띠, 근처 **대** | 林 숲 **림** |

온대 지역에 성장하는 삼림森林.

ⓞ③④

열대우림 熱帶雨林

| 熱 뜨겁다 **열** | 帶 띠, 근처 **대** | 雨 비 **우** | 林 숲 **림** |

연중 고온 다우多雨한 열대우림 기후 지역의 삼림森林.

ⓞ③⑤

침엽수림 針葉樹林

| 針 바늘 **침** | 葉 잎 **엽** | 樹 나무 **수** | 林 숲 **림** |

냉대 기후에 나타나며, 침엽수(잎이 바늘처럼 생긴 나무의 총칭)가 모인 삼림森林.

⓪③⑥

냉대림 冷帶林 = 아한대림 亞寒帶林

| 冷 (온도가) 차다 랭 | 帶 띠, 근처 대 | 林 숲 림 |

한대寒帶와 온대溫帶의 중간적인 기후를 가진 지대의 특징적인 삼림森林.

⓪③⑦

환태평양 조산대 環太平洋造山帶

| 環 둘러싸다 환 | 太 크다 태 | 平 평평하다 평 | 洋 큰 바다 양 | 造 만들다 조 | 山 산 산 | 帶 띠, 근처 대 |

태평양을 둘러싸 습곡산맥을 형성한 지대.

⓪③⑧

단층 斷層

| 斷 끊다 단 | 層 층 층 |

지각地殼을 구성하고 있는 지층·암석·맨틀 구성 물질 등이 하나의 면 또는 대帶를 경계로 서로 어긋난 현상.

⓪③⑨

빙하 지형 氷河地形

| 氷 얼음 빙 | 河 강물 하 | 地 땅 지 | 形 모양 형 |

빙하의 침식, 또는 퇴적 작용에 의해 형성된 지형.

⓪④⓪

고위평탄면 高位平坦面

| 高 높다 고 | 位 위치 위 | 平 평평하다 평 | 坦 넓다 탄 | 面 얼굴, 겉 면 |

해발 고도가 높은 곳에서 낮고 평탄한 면이 넓게 펼쳐져 있는 지형.

⓪④①

평원 平原

| 平 평평하다 평 | 原 근원, 들판 원 |

평탄한 들판.

⓪④②

고원 高原

| 高 높다 고 | 原 근원, 벌판 원 |

보통 해발 고도가 600m 이상의 높이를 갖는 지형으로써 고도가 높고 평탄하여 책상이나 식탁 모양인 지형.

⓪④③

외래 하천 外來河川

| 外 바깥 외 | 來 오다 래 | 河 강물 하 | 川 내 천 |

강수량이 많은 산지에서 출발하여 사막 지대를 지나 바다로 흘러드는 하천.

⓪④④

선상지 扇狀地

| 扇 부채 선 | 狀 모양 상 | 地 땅 지 |

산지에서 평지로 나오는 경사 급변점인 골짜기의 입구를 중심으로 하천이 운반한 토사土砂가 쌓여 형성된 부채 모양의 퇴적 지형.

⓪④⑤

우각호 牛角湖

| 牛 소 우 | 角 뿔 각 | 湖 호수 호 |

자유 곡류 하천의 물길이 변경될 때, 종전 물길의 일부가 그대로 남아서 형성된 소뿔 모양의 호수.

046

삼각주 三角洲

| 三 셋 **삼** | 角 뿔 **각** | 洲 섬 **주** |

하천이 바다로 유입할 때, 유속이 감소함에 따라 운반 물질이 퇴적되어 이루어진 지형. 대개 삼각형을 이루고 있음.

047

분지 盆地

| 盆 동이 **분** | 地 땅 **지** |

산이나 높은 땅으로 둘러싸인 평평한 땅.

※동이 – 배가 부르고 아가리가 넓으며 키가 작고 양 옆에 손잡이가 달린 질그릇의 한 가지.

048

찬정분지 鑽井盆地

| 鑽 뚫다 **찬** | 井 우물 **정** | 盆 동이 **분** | 地 땅 **지** |

분지 구조盆地構造를 형성하는 지층에서 깊은 우물을 파거나 펌프를 박을 때 샘물이 솟는 지층의 분지.

049

석회암 石灰巖

| 石 돌 **석** | 灰 재 **회** | 巖 바위 **암** |

순백 또는 회灰백색의 암석. 퇴적암의 일종.

050

석회동굴 石灰洞窟

| 石 돌 **석** | 灰 재 **회** | 洞 마을, 굴 **동** | 窟 굴 **굴** |

카르스트 지하수계에 의하여 형성된 동굴. 종유동鐘乳洞.

051

화산 지형 火山地形

| 火 불 **화** | 山 산 **산** | 地 땅 **지** | 形 모양 **형** |

내부에서부터 용암鎔巖이나 가스 따위가 분출하는 활동에 관련하여 형성된 지형의 총칭.

052

기생화산 寄生火山

| 寄 보내다, 붙어살다 **기** | 生 살다 **생** | 火 불 **화** | 山 산산 |

성층 화산成層火山이나 순상 화산 등 대규모 화산체의 산 비스듬한 면이나 기슭에 생기는 소규모의 화산.

※成層火山은 분출 용암·화산탄火山炭·화산회火山灰가 분화구의 주위에 퇴적되어 층을 이룬 원추형圓錐形의 화산.[成 이루다 성 層 층 층 火 불 화 山 산 산]

053

화구호 火口湖

| 火 불 **화** | 口 입 **구** | 湖 호수 **호** |

화산의 분화구에 물이 고여서 형성된 호수.

054

용천 湧泉

| 湧 샘솟다 **용** | 泉 샘 **천** |

빗물이 지하로 스며들었다가 해안 지역에서 인위적인 힘에 의존하지 않고 지표로 솟아 나오는 샘(spring).

055

다도해 多島海

| 多 많다 **다** | 島 섬 **도** | 海 바다 **해** |

섬이 많이 있는 바닷가.

056

석호 潟湖

| 潟 개펄 **석** | 湖 호수 **호** |

사취 또는 사주가 발달하면서 만灣의 입구를 막을 수가 있는데, 이때 만이 바다에서 분리되면서 생긴 호소湖沼.

057

간척 干拓

| 干 방패, 물을 빼다 **간** | 拓 넓히다 **척** |

수면 밑에 침수된 땅을 개간開墾하는 것.

058

방조제 防潮堤

| 防 막다 **방** | 潮 (아침에 들어왔다 나가는) 바닷물 **조** | 堤 둑 **제** |

밀려드는 조수潮水의 해를 막기 위한 제방.

059

산호초 珊瑚礁

| 珊 산호 **산** | 瑚 산호 **호** | 礁 물에 잠긴 바위 **초** |

석산호류石珊瑚類의 분비물이나 유해 등으로 이루어진 석회질의 암초暗礁.

060

조경 수역 潮境水域

| 潮 (아침에 들어왔다 나가는) 바닷물 **조** | 境 (땅의) 경계 **경** | 水 물 **수** | 域 지역 **역** |

난류와 한류가 교류하는 수면의 일정한 구역.

061

조석 潮汐

| 潮 (아침에 들어왔다 나가는) 바닷물 **조** | 汐 (저녁 때 들어왔다 나가는) 바닷물 **석** |

밀물과 썰물의 작용에 의해 일어나는 바닷물의 흐름.

062

간만 干滿

| 干 방패, 물을 빼다 **간** | 滿 가득 차다 **만** |

바닷물이 빠지고 참. 달의 인력이 지구에 미쳐 바닷물을 세게 끌어당겨서 일어나는 현상.

063

대륙붕 大陸棚

| 大 크다 **대** | 陸 땅 **륙** | 棚 선반 **붕** |

대륙 주변을 둘러싸고 있는 수심 약 200m까지의 해저 지형.

064

부도심 副都心

| 副 다음 **부** | 都 도읍 **도** | 心 마음, 가운데 **심** |

인구 100만을 넘는 대도시로 발전하면 시가지 주변에 도심의 기능을 대신할 수 있는 번화가가 형성되는데, 이를 부도심이라 함.

065

개발제한구역 開發制限區域

| 開 열다 개 | 發 드러내다 발 | 制 만들다, 누르다 제 | 限 한계 한 | 區 (행정) 구역 구 | 域 지역 역 |

도시의 무질서한 팽창을 억제하고 도시민의 쾌적한 환경을 제공하고자 할 목적으로 도시를 둘러싸고 있는 광활한 농장, 유원지, 임야 및 산지 등으로 이루어진 지대. 그린벨트.

066

위성도시 衛星都市

| 衛 지키다 위 | 星 별 성 | 都 도읍 도 | 市 시장, 번화한 곳 시 |

대도시(모시母市)의 주변에서 모시 기능의 일부를 수행하는 중·소 도시.

067

도시화 都市化

| 都 도읍 도 | 市 시장, 번화한 곳 시 | 化 변화하다 화 |

도시화의 양적인 측면에서 도시의 수나 도시 인구 또는 면적이 늘어나는 것을 의미하며, 질적인 측면에서는 도시적 생활 양식이 보편화되어 가는 과정.

068

이촌향도 離村向都

| 離 떠나다 리 | 村 마을 촌 | 向 향하다 향 | 都 도읍 도 |

산업화와 도시화로 농촌 인구가 도시 지역으로 이동하는 현상.

069

인구 부양력 人口浮揚力

| 人 사람 인 | 口 입, 인구 구 | 浮 뜨다 부 | 揚 드날리다, 오르다 양 | 力 힘 력 |

어느 지역에 얼마만큼의 인구를 수용할 능력을 가지고 있는가를 나타낸 것.

070

인구 노령화 人口老齡化

| 人 사람 인 | 口 입, 인구 구 | 老 늙다 로 | 齡 나이 령 | 化 변화하다 화 |

인구 성장의 마지막 단계에서 근대 문명 기술이 진보함에 따라 수명이 연장됨으로써 노년층 인구의 비율이 증가하는 현상.

071

관개 灌漑

| 灌 물대다 관 | 漑 물대다 개 |

농산물 생육의 안전과 농업 경영의 합리화를 위하여 조직적으로 경지에 물을 공급하는 것.

072

집약적 영농 集約的營農

| 集 모으다 집 | 約 약속하다, 간추리다 약 | 的 ~한 성질을 띤 적 | 營 경영하다 영 | 農 농사 농 |

농업 경영의 집약도를 높이는 것.

073

근교 농업 近郊農業

| 近 가깝다 근 | 郊 시외(市外) 교 | 農 농사 농 | 業 일 업 |

대도시 주변에서 채소·화초·과수 등을 집약적으로 재배하거나 양계養鷄·양돈養豚·낙농酪農 등의 상품 생산을 목적으로 하는 상업

적 농업.

074

원교 농업 遠郊農業

| 遠 멀다 **원** | 郊 시외(市外) **교** | 農 농사 **농** | 業 일 **업** |

대도시에서 멀리 떨어진 곳의 기후 조건과 교통을 적절하게 이용하여 채소·과일·화초 등을 재배하는 농업.

075

낙농업 酪農業

| 酪 진한 유즙 **락** | 農 농사 **농** | 業 일 **업** |

젖소나 염소 등을 길러 젖을 짜거나, 그 젖을 가공하여 제품을 만드는 농업.

076

방목 放牧

| 放 내놓다 **방** | 牧 기르다 **목** |

가축을 놓아 기름.

077

유목 遊牧

| 遊 놀다, 떠돌다 **유** | 牧 기르다 **목** |

물과 풀밭을 따라 옮겨 다니며 가축을 기름.

078

고랭지 농업 高冷地農業

| 高 높다 **고** | 冷 (온도가) 차다 **랭** | 地 땅 **지** | 農 농사 **농** | 業 일 **업** |

평지보다 높아 여름에도 기온이 서늘한 산간 지역에서 행해지는 농업.

079

이모작 二毛作

| 二 둘 **이** | 毛 털, 식물 **모** | 作 만들다, 농사를 짓다 **작** |

한 경지에서 농작물을 수확한 후 다른 농작물을 계속하여 경작하는 농경 형태.

080

내수면 어업 內水面漁業

| 內 안 **내** | 水 물 **수** | 面 얼굴, 겉 **면** | 漁 고기 잡다 **어** | 業 일 **업** |

내륙에 있는 하천·호소湖沼·습지 등에서 행하여지는 어업의 총칭.

081

양식업 養殖業

| 養 기르다 **양** | 殖 번식하다 **식** | 業 일 **업** |

바다를 농경지와 같이 이용하여 어패류魚貝類를 기르는 어업.

082

부동항 不凍港

| 不 ~하지 않다 **불/부** | 凍 얼다 **동** | 港 항구 **항** |

1년 내내 해면이 동결하지 않는 항만.

083

천일제염 天日製鹽

| 天 하늘 **천** | 日 날, 해 **일** | 製 만들다 **제** | 鹽 소금 **염** |

오직 햇빛과 바람에 의하여 바닷물을 증발시켜 소금을 수확하는 방법.

084

개발도상국 開發途上國

| 開 열다 **개** | 發 드러내다 **발** | 途 길 **도** | 上 위 **상** | 國 나라 **국** |

생산 기술이나 지식 및 제도가 선진국에 비하여 뒤떨어져 있으며, 선진국의 상태를 뒤따라서 발전해 가고 있는 나라.

085

송유관 送油管 = 파이프라인 pipeline

| 送 보내다 **송** | 油 기름 **유** | 管 대롱 **관** |

석유 · 천연가스 등을 수송하는 데 쓰는 관.

086

지열 地熱

| 地 땅 **지** | 熱 뜨겁다 **열** |

지구 내부에서 표면을 거쳐 외부로 유출되는 열량熱量.

087

파력 발전 波力發電

| 波 물결 **파** | 力 힘 **력** | 發 드러내다, 일어나다 **발** | 電 전기 **전** |

파도의 상하 운동 에너지를 이용해서 동력을 얻어 발전發電하는 방법.

088

풍력 발전 風力發電

| 風 바람 **풍** | 力 힘 **력** | 發 드러내다, 일어나다 **발** | 電 전기 **전** |

자연의 바람으로 풍차風車를 돌리고, 이를 이용하여 발전기를 돌리는 발전發電 방식.

089

첨단 산업 尖端産業

| 尖 뾰족하다 **첨** | 端 바르다, 끝 **단** | 産 낳다 **산** | 業 일 **업** |

부가가치가 높은 기술 집약 공업.

090

군수 공업 軍需工業

| 軍 군사 **군** | 需 요구하다 **수** | 工 물건 만들다 **공** | 業 일 **업** |

군수품을 생각하는 공업.

※군수－군대 운영에 필요한 것.

091

공업 단지 工業團地

| 工 물건 만들다 **공** | 業 일 **업** | 團 모임 **단** | 地 땅 **지** |

특정한 산업 시설이 입지하는 구획된 넓은 공업용 지역.

092

임해 공업 臨海工業

| 臨 임하다 **림** | 海 바다 **해** | 工 물건 만들다 **공** | 業 일 **업** |

해안선에 형성된 공업.

093

운하 運河

| 運 움직이다, 옮기다 **운** | 河 강물 **하** |

육지를 파서 강을 내고 배가 다니게 한 물길.

⓪⑨④

자정 작용 自淨作用

| 自 스스로 **자** | 淨 깨끗하다 **정** | 作 만들다,
일하다 **작** | 用 (물건을) 쓰다 **용** |

자연계의 물이 그 스스로 여과, 침전, 산화되거
나 미생물 등의 분해 작용에 의해 오염 물질을
정화하는 작용.

⓪⑨⑤

온실 효과 溫室效果

| 溫 따뜻하다 **온** | 室 방 **실** | 效 효과 **효** | 果
열매, 결과 **과** |

대기 중의 수증기 · 이산화탄소 · 메탄 · 오존
등이 온실의 유리가 열 에너지를 차단하는 것
처럼 작용하여 지구 표면의 온도를 비교적 높
게 유지하는 현상.

⓪⑨⑥

적조 현상 赤潮現象

| 赤 붉다 **적** | 潮 (아침에 들어왔다 나가는) 바
닷물 **조** | 現 나타나다 **현** | 象 코끼리, 모양 **상** |

바닷속의 플랑크톤이 비정상적으로 증식하여
바닷물이 붉게 되는 현상.

⓪⑨⑦

청정 수역 淸淨水域

| 淸 맑다 **청** | 淨 깨끗하다 **정** | 水 물 **수** | 域
지역 **역** |

1974년 한 · 미 위생 협정에 따라 해수 오염의
방지를 목적으로 설정된 수역.

⓪⑨⑧

갑문식 독 閘門式 dock

| 閘 문을 여닫다 **갑** | 門 문 **문** | 式 형식 **식** |

조석 간만潮汐干滿의 차이가 큰 항구에 만들
어진 부두 시설. 부두 외각에 독(dock)을 쌓아
수문을 설치하고 밀물이 되면 수문을 열고, 썰
물이 되면 수문을 닫아 항상 배가 부두에 안정
적으로 정박하게 할 수 있게 한 시설로, 우리나
라에는 인천항에 1918년에 처음 건설되었으
며, 현재는 5개의 수문이 설치되어 있음.

⓪⑨⑨

화전 火田

| 火 불 **화** | 田 밭 **전** |

평지 또는 임야지 등에 불을 놓아, 나뭇잎 · 풀
등을 태워서 얻어진 재[회灰]를 비료로 이용하
여, 그 지역에 농작물을 다른 비료 없이 경작하
는 농경지.

①⓪⓪

화교 華僑

| 華 화려하다, 중국 **화** | 僑 객지에 나가 살다 **교** |

중국으로부터 해외로 이주移住한 중국인.

①⓪①

풍토병 風土病

| 風 바람 **풍** | 土 흙, 지방 **토** | 病 질병 **병** |

어떠한 지방의 기후와 지질로 인하여 생기는
독특한 병.

①⓪②

채도 彩陶

| 彩 무늬 **채** | 陶 도자기 **도** |

신석기 시대 유물로, 겉면에 아름다운 무늬가 채색되어 있는 토기. = 채문 토기彩文土器.

⑩③

은허 殷墟

| 殷 나라 이름 **은** | 墟 옛터 **허** |

허난성[하남성河南省] 안양현[安陽縣] 샤오툰춘[소둔촌小屯村] 지역으로, 은나라의 옛 도읍.

⑩④

춘추전국 시대 春秋戰國時代

| 春 봄 **춘** | 秋 가을 **추** | 戰 싸우다 **전** | 國 나라 **국** | 時 때 **시** | 代 대신하다, 시대 **대** |

BC 8세기에서 BC 3세기에 이르는 중국 고대의 시대로, '春秋'는 공자가 지은 노나라 역사서인 《춘추春秋》에서, '戰國'은 유향이 편찬한 《전국책戰國策》에서 따온 말.

⑩⑤

제자백가 諸子百家

| 諸 모두 **제** | 子 아들, 학식과 덕행이 높은 사람 **자** | 百 백 **백** | 家 집, 학파 **가** |

춘추전국 시대를 통틀어 출현했던 여러 학자들과 수많은 학파.

⑩⑥

유가 儒家

| 儒 유교 **유** | 家 집, 학파 **가** |

춘추전국 시대 공자의 학설·학풍 등을 신봉하고 연구하는 학자나 학파.

⑩⑦

도가 道家

| 道 길, 도리 **도** | 家 집, 학파 **가** |

춘추전국 시대 노자·장자의 사상을 따르던 학자를 통틀어 이르는 말.

⑩⑧

법가 法家

| 法 법 **법** | 家 집, 학파 **가** |

전국 시대에 천하를 다스리는 데는 덕치德治보다 법치法治가 근본이라고 주장한 한비자 등의 학파.

⑩⑨

군현제 郡縣制

| 郡 고을 **군** | 縣 고을 **현** | 制 만들다, 제도 **제** |

진나라 시황제始皇帝가 전국을 통일한 후 처음 실시한 제도로, 중앙 정부에서 지방으로 파견된 관리가 그곳의 행정을 담당하는 제도.

⑩⑩

분서 갱유 焚書坑儒

| 焚 불사르다 **분** | 書 책 **서** | 坑 구덩이 **갱** | 儒 유교, 선비 **유** |

진나라 시황제가 학자들의 정치 비판을 봉쇄하기 위해 경전經典을 불태우고 유학자 460명을 산 채로 구덩이에 묻어 죽인 사건.

⑩⑪

평준법 平準法

| 平 평평하다 **평** | 準 법도, 평평하다 **준** | 法 법 **법** |

전한 무제武帝 때 균수법均輸法과 함께 시행
되었던 경제 정책.

⑪⑫

균수법 均輸法

| 均 평평하다 **균** | 輸 실어 나르다 **수** | 法 법 **법** |

전한 무제武帝가 재정 부족을 메우기 위해 행
한 경제 정책.

⑪⑬

대상 隊商

| 隊 무리 **대** | 商 장사하다 **상** |

상업이나 성지 순례 등을 목적으로 무리 지어
여행하는 상인으로, 동서양의 문화 교류에 큰
역할을 하였음. 유명한 대상로隊商路로는 실
크로드가 있는데 지중해로부터 중앙아시아를
지나 동아시아에 이름. 실크로드는 한나라 무
제武帝 때 개척된 것으로 알려져 있지만, 그
이전에 이미 실크로드를 통한 대상의 활동이
있었다고 함.

⑪⑭

사기 史記

| 史 역사, 사관(史官) **사** | 記 기록하다 **기** |

전한의 사관史官인 사마천司馬遷이 상고 시
대의 황제黃帝부터 한나라 무제武帝까지의
중국과 그 주변 민족의 역사를 기록한 역사책.

※ '史官'은 임금의 언행을 기록하거나 국가의 공문
　서 작성을 맡은 사람.

⑪⑮

훈고학 訓詁學

| 訓 가르치다, 자구(字句)의 뜻을 해석하다 **훈**
| 詁 옛말의 뜻을 풀다 **고** | 學 배우다, 학문 **학** |

한대에서 당대까지 성행하였던 유학으로, 경
전經典의 내용을 바르게 해석할 목적으로 붙
이는 주석註釋과 그 방법에 관한 학문.

⑪⑯

균전제 均田制

| 均 평평하다 **균** | 田 밭 **전** | 制 만들다, 제도 **제** |

북위北魏에서 시작하여 당나라 때 완성된 토
지 제도.

⑪⑰

부병제 府兵制

| 府 관청 **부** | 兵 군사 **병** | 制 만들다, 제도 **제** |

6세기 중엽부터 8세기 초까지(북위·수·당)
행해졌던 중국의 병농 일치의 군사 제도. 여기
서 '府'는 군부대 명칭임.

⑪⑱

청담 淸談

| 淸 맑다 **청** | 談 이야기 **담** |

위·진·육조 시대에 유행한 철학적 담론談論
으로, 명예나 이익을 떠난 맑고 고상한 이야기
란 뜻.

⑪⑲

율·령·격·식 律令格式

| 律 법률 **률** | 令 명령하다, 법률 **령** | 格 바로
잡다, 법 **격** | 式 형식, 법 **식** |

당나라 초기에 완성을 본 성문법成文法.

①②⓪

조·용·조 租庸調

| 租 세금 **조** | 庸 떳떳하다, 조세의 한 가지 **용**
| 調 조절하다, 공물(貢物) **조** |

당나라 때 균전제의 바탕 위에 걷은 세금.

①②①

신포 身布

| 身 몸 **신** | 布 베 **포** |

당나라 때에 균전제均田制와 함께 실시된 조租·용庸·조調 수취 체제 가운데 하나로, 국가가 백성의 노동력을 징발하는 대신에 현물(포布 등등)로 바꿔서 내게 하던 제도.

①②②

시박사 市舶司

| 市 시장 **시** | 舶 큰 배 **박** | 司 맡다, 관청 **사** |

당나라 현종玄宗 때(714)에 해상 무역이 발전하면서 항구에 드나드는 배들을 관리하기 위해 광저우[광주廣州]에 설치한 관청.

①②③

당삼채 唐三彩

| 唐 나라 이름 **당** | 三 셋 **삼** | 彩 무늬 **채** |

당나라 전기(7세기 말~8세기 초) 때의 도기陶器로, 백색 바탕에 녹색·갈색·남색 등의 유약으로 여러 무늬를 그림.

①②④

구품중정제 九品中正制·구품관인법 九品官人法

| 九 아홉 **구** | 品 물건, 벼슬의 등급 **품** | 中 가

운데 **중** | 正 바르다 **정** | 制 만들다, 제도 **제** |
官 벼슬 **관** | 人 사람 **인** | 法 법 **법** |

송나라 때 관리 등용법의 하나.

①②⑤

사대부 士大夫

| 士 선비 **사** | 大 크다, 높다 **대** | 夫 남편, 사람 **부** |

士와 大夫를 합한 말로 중국 및 고려·조선에서의 상류 계층을 가리킴.

①②⑥

성리학 性理學

| 性 성품 **성** | 理 이치 **리** | 學 배우다, 학문 **학** |

성명의리학性命義理學의 준말로, 하늘로부터 받은 만물의 성질과 우주 자연이 돌아가는 올바른 이치를 즐겨 캐 내는 학문. 송나라 때 학자들에 의하여 성립된 학설.

①②⑦

자치통감 資治通鑑

| 資 재물, 바탕 **자** | 治 다스리다 **치** | 通 통하다 **통** | 鑑 거울, 본보기 **감** |

북송의 사마광司馬光이 편찬한 편년체編年體 역사책으로, 《통감通鑑》이라고도 하며, '치도治道에 자료가 되고 역대를 통하여 거울이 된다'는 뜻.

①②⑧

색목인 色目人

| 色 색깔 **색** | 目 눈 **목** | 人 사람 **인** |

원나라 때 몽골 정권에 복종한 서방계 민족의 총칭.

⑫⑨

일조편법 一條鞭法

|一 하나 **일**|條 조목 **조**|鞭 채찍 **편**|法 법 **법**|

16C 후반 명말 청초에 걸쳐 시행된 세법.

⑬⓪

양명학 陽明學

|〈陽 햇볕 **양**|明 밝다 **명**〉호(號)|學 배우다, 학문 **학**|

명나라 때의 왕수인王守仁이 주장한 유학의 한 학풍으로, 성리학의 관념성을 비판하면서 지행합일知行合一의 실천성을 주장함.

※陽明은 왕수인의 號.

⑬①

지정은제 地丁銀制

|地 땅 **지**|丁 넷째 천간, 젊은 남자 **정**|銀 은 **은**|制 만들다, 제도 **제**|

청나라 때의 세제稅制로, 지은地銀과 정은丁銀을 합한 말이며, '銀' 은 '세금' 을 뜻함.

⑬②

공행 公行

|公 여러 사람에 관계되는 일 **공**|行 다니다, 가게 **행**|

청나라 때 광저우[광주廣州]에서 나라의 허락을 맡고 외국 무역을 독점한 무역 상인.

⑬③

고증학 考證學

|考 헤아리다, 고증(考證)한 글 **고**|證 증명하다 **증**|學 배우다, 학문 **학**|

청나라 때에 송 · 명의 성리학性理學 · 양명학陽明學에 반발하여 일어난 학풍學風으로, 경전의 해석을 정확히 살피고 증명하자는 주장을 함.

⑬④

막부 幕府

|幕 장막, 군막(軍幕) **막**|府 관청 **부**|

중세 일본의 카마쿠라[겸창鎌倉] · 무로마찌[실정室町] · 에도[강호江戶]의 세 시대에 걸쳐 장군將軍이 정치를 다루던 곳. 무가武家의 정부政府. '幕府' 는 본래 대장군의 본영本營이란 의미로, 장소가 일정하지 않고 필요한 곳에 막을 치고 군사를 지휘한 데서 온 말.

⑬⑤

난학 蘭學

|蘭 난초, 나라 이름 **란**|學 배우다, 학문 **학**|

17C 일본 전국 시대에 쇄국령이 내려진 상태에서, 네덜란드를 통해서 들어온 서양 학문.

※네덜란드를 화란和蘭이라 했는데, 여기서 '蘭' 자를 따름.

⑬⑥

신사 神社

|神 귀신 **신**|社 단체 **사**|

일본 황실의 조상이나 국가에 공로가 큰 사람을 신으로 모신 사당으로, 이곳에서는 일본의

민간 종교인 신도神道(일본에서 발생한 고유의 민족 신앙)를 행함.

대승 大乘 · 소승 小乘

| 大 크다 **대** · 小 작다 **소** | 乘 올라타다, 중생을 피안(彼岸)에 이르게 하는 교법(敎法) **승** |

소승은 자신의 해탈이 선행되어야 한다는 주장을 하는 불교의 한 갈래. 대승은 대중의 구원이 선행되어야 한다는 주장을 하는 불교의 한 갈래.

사자의 서 死者의 書

| 死 죽다 **사** | 者 사람 **자** | 書 책, 글 **서** |

고대 이집트에서 관 속에 미이라와 함께 묻었던 문서.

점성술 占星術

| 占 점치다 **점** | 星 별 **성** | 術 재주 **술** |

별의 움직임을 관찰하여 인간의 운명이나 장래를 점치는 방법으로, 점성술이라고 할 수 있을 정도로 정리된 방법과 체계가 생긴 것은 바빌로니아와 고대 중국에서였음.

봉건 제도 封建制度

| 封 붙이거나 싸서 막다, 제후로 삼다 **봉** | 建 세우다 **건** | 制 만들다, 제도 **제** | 度 ~한 정도, 법도 **도** |

왕은 도읍 부근의 직할지를 직접 다스리고, 그 외의 지역은 신하 · 친척 등에게 땅을 떼어 준

다음 그곳의 제후로 삼아 다스리게 하는 제도.

관료 제도 官僚制度

| 官 벼슬 **관** | 僚 벼슬아치 **료** | 制 만들다, 제도 **제** | 度 ~한 정도, 법도 **도** |

군주 국가에서 통치 권한을 의회나 정당에 주지 않고 전문 능력을 소유한 관리에게 주는 정치 제도.

1. 물리

001

관성 慣性

| 慣 익숙하다 **관** | 性 성품, 성질 **성** |

물체가 현재의 운동 상태를 그대로 유지하고
자 하는 성질.

002

국제 원기 國際原器

| 國 나라 **국** | 際 두 사물의 중간 **제** | 原 근원
원 | 器 그릇, 기구 **기** |

백금(Pt) 90%, 이리듐(Ir) 10%의 합금으로 만
들어진 단면이 X자형 막대기에 1m의 길이를
정한 눈금이 새겨져 있는 물건으로 국제 미터
법의 기준이 됨.

003

연직 방향 鉛直方向

| 鉛 납 **연** | 直 곧다 **직** | 方 방향 **방** | 向 향하
다 **향** |

중력의 방향. 곧, 추錘를 단 실을 늘어뜨렸을
때에 그 실이 가리키는 방향.

004

물질 物質

| 物 사물, 물질 **물** | 質 바탕 **질** |

물체를 이루는 실제적인 본바탕. 물리학에서
는 자연계의 한 요소로서 일정한 공간을 점유
하고 질량을 갖는 것을 의미함.

005

실험 實驗

| 實 실제 **실** | 驗 경험하다 **험** |

일정한 조건을 인위적으로 설정하여 기대했던
현상이 일어나는지 어떤지, 또는 어떤 현상이
일어나는지를 조사하는 일.

006

변형 變形

| 變 변하다 **변** | 形 모양 **형** |

물체에 외력外力이 가해졌을 때 나타나는 형
태나 부피의 변화(기체는 부피만 변함).

007

분동 分銅

| 分 나누다 **분** | 銅 구리 **동** |

천칭天秤으로 물건의 무게를 달 때, 무게의 표준으로 한쪽 저울판 위에 올려놓는 추錘. = 분추分錘.

⓪⓪⑧

속도 速度

| 速 빠르다 **속** | 度 ~한 정도 **도** |

물체의 단위 시간당 변위(위치 변화). 벡터량이며, 단위는 m/s, cm/s 등을 사용함.

⓪⓪⑨

등속도 운동 等速度運動

| 等 등급, 같다 **등** | 速 빠르다 **속** | 度 ~한 정도 **도** | 運 움직이다 **운** | 動 움직이다 **동** |

속도가 항상 일정한 값을 갖는 운동.

⓪①⓪

속력 速力

| 速 빠르다 **속** | 力 힘 **력** |

움직이는 물체의 단위 시간당 이동 거리. 스칼라량이며, 단위는 m/s, cm/s 등을 사용함.

⓪①①

수평면 水平面

| 水 물 **수** | 平 평평하다 **평** | 面 얼굴, 겉 **면** |

연직선鉛直線(중력의 방향을 나타내는 선)에 수직인 평면.

⓪①②

용수철 龍鬚鐵

| 龍 용 **룡** | 鬚 수염 **수** | 鐵 쇠 **철** |

용의 수염처럼 탄력이 강한 쇠줄로, 나선 모양으로 감아 만듦.

⓪①③

운동 運動

| 運 움직이다 **운** | 動 움직이다 **동** |

어떤 기준점에 대한 물체의 위치가 시간의 경과와 더불어 변하는 현상.

⓪①④

원심력 遠心力

| 遠 멀다 **원** | 心 마음, 가운데 **심** | 力 힘 **력** |

물체가 원운동圓運動을 할 때, 바깥쪽으로 작용하는 힘. ↔ 구심력.

⓪①⑤

구심력 求心力

| 求 찾다 **구** | 心 마음, 가운데 **심** | 力 힘 **력** |

물체가 원운동을 할 때, 그 원의 중심을 향하여 작용하는 힘. ↔ 원심력.

⓪①⑥

분력 分力

| 分 나누다 **분** | 力 힘 **력** |

두 개 이상의 작은 힘이 한 힘을 낼 때, 그 각각의 힘. ↔ 합력.

⓪①⑦

합력 合力

| 合 합하다 **합** | 力 힘 **력** |

둘 이상의 힘을 하나의 힘으로 나타낸 것. ↔
분력.

⓪①⑧

인력 引力

| 引 당기다 **인** | 力 힘 **력** |

두 개의 물체가 서로 끌어당기는 힘.

⓪①⑨

중력 重力

| 重 무겁다 **중** | 力 힘 **력** |

지표 부근에 있는 물체를 지구의 중심 방향으
로 끌어당기는 힘.

⓪②⓪

무중력 無重力

| 無 없다 **무** | 重 무겁다 **중** | 力 힘 **력** |

인공위성 안의 우주비행사 등이 무게를 느끼
지 않는 상태.

⓪②①

질량 質量

| 質 바탕 **질** | 量 수량 **량** |

힘이 물체를 움직이려고 할 때에 물체의 저항
의 정도를 나타내는 양.

⓪②②

탄성 彈性

| 彈 (줄을) 튀기다 **탄** | 性 성품, 성질 **성** |

외력에 의해 변형變形을 일으킨 물체가 힘이
제거되었을 때 원래대로 되돌아가려는 성질.

⓪②③

평형 平衡

| 平 평평하다 **평** | 衡 저울 **형** |

무게를 달 때, 저울대가 수평을 이루는 상태.

⓪②④

포물선 抛物線

| 抛 던지다 **포** | 物 사물 **물** | 線 줄 **선** |

수직이 아니게 위로 던지거나 쏘아 올리거나
한 물체가 올라갔다가 떨어지면서 공중에 운
동 경로를 그리는 곡선.

⓪②⑤

금속박 검전기 金屬箔檢電器

| 金 쇠 **금** | 屬 속하다 **속** | 箔 금속의 얇은 조
각 **박** | 檢 검사하다 **검** | 電 전기 **전** | 器 그릇,
기구 **기** |

금속박의 전정기 유도의 원리를 이용하여 물
체의 대전 상태와 양陽·음陰의 구별 등을 조
사하는 장치. = 금박 검전기.

⓪②⑥

종파 縱波

| 縱 세로 **종** | 波 물결, 진동하는 결 **파** |

파동의 진행 방향과 진동 방향이 나란한 파.
=소밀파 ↔ 횡파.

⓪②⑦

횡파 橫波

| 橫 가로 **횡** | 波 물결, 진동하는 결 **파** |

파동의 진행 방향과 진동 방향이 수직인 파.
=고저파 ↔ 종파.

028

파동 波動

| 波 물결, 진동하는 결 **파** | 動 움직이다 **동** |

공간이나 물체의 일부에 일어난 상태의 주기적 변동이 어느 속도로 퍼져 가는 현상.

029

파장 波長

| 波 물결, 진동하는 결 **파** | 長 길다 **장** |

전자기파電磁氣波나 음파音波 등의 파동에서 파동의 마루에서 다음 마루까지, 또는 파동의 골에서 다음 골까지의 거리.

030

광원 光源

| 光 빛 **광** | 源 근원 **원** |

빛을 내는 물체. 태양, 전구, 양초 등.

031

굴절 屈折

| 屈 굽히다 **굴** | 折 꺾이다 **절** |

하나의 매질媒質로부터 다른 매질로 진입하는 파동이 그 경계면에서 나가는 방향을 바꾸는 현상.

032

진동 振動

| 振 떨치다, 떨다 **진** | 動 움직이다, 흔들리다 **동** |

입자나 물체의 위치 혹은 장場이나 전류의 방향·세기 등의 물리량이 정해진 범위에서 주기적으로 변화하는 현상.

033

진폭 振幅

| 振 떨치다, 떨다 **진** | 幅 가로지른 거리 **폭** |

진동하고 있는 물체가 정지 또는 평형 위치에서 최대 변위變位까지 이동하는 거리.

034

매질 媒質

| 媒 매개 **매** | 質 바탕 **질** |

물체와 물체 사이에 작용하는 힘이 근접한 공간에 차례로 힘을 미쳐 멀리 도달할 때 공간 내에서 작용을 매개 전달하는 물질 또는 그 공간.

035

주파수 周波數

| 周 두루, 돌다 **주** | 波 물결, 진동하는 결 **파** |
| 數 숫자 **수** |

주기적으로 변동하는 현상에서 같은 상태가 1초(s) 동안 몇 번 돌아오는가를 나타내는 수.

036

반사 反射

| 反 되돌리다 **반** | 射 쏘다 **사** |

파동이 한 매질媒質에서 다른 매질로 향해 전파傳播해 갈 때, 경계면에서 일부 파동이 진행 방향을 바꾸어 원래의 매질 안으로 되돌아오는 현상.

037

난반사 亂反射

| 亂 어지럽다 **란** | 反 되돌리다 **반** | 射 쏘다 **사** |

물체의 울퉁불퉁한 표면에 입사한 빛이 여러

방향으로 산란 반사해서 흩어지는 현상.

038

전반사 全反射

|全 온전하다, 모두 **전** | 反 되돌리다 **반** | 射 쏘다 **사** |

빛이 굴절률이 큰 매질媒質에서 작은 매질로 굴절할 때, 입사각入射角이 임계각臨界角보다 크면 굴절하지 않고 전부 반사되는 현상.

039

임계각 臨界角

|臨 임하다 **림** | 界 (땅의) 경계 **계** | 角 뿔, 각도 **각** |

굴절률이 큰 물질에서 작은 물질로 빛이 입사入射할 때, 그 이상의 더 큰 각도에서는 전반사全反射가 일어나게 되는 입사각의 값.

040

입사각 入射角

|入 들어가다 **입** | 射 쏘다 **사** | 角 뿔, 각도 **각** |

어떤 매질媒質 속을 진행하는 파동이 다른 매질과의 경계면에 도달했을 때 이 경계면의 법선과 이루는 각.

041

투과 透過

|透 꿰뚫다 **투** | 過 지나가다 **과** |

광선 등이 물질의 내부를 통과하는 것.

042

음속 音速

|音 소리 **음** | 速 빠르다, 속도 **속** |

소리의 전파 속도.

043

음원 音源

|音 소리 **음** | 源 근원 **원** |

음을 만드는 에너지원.

044

음파 音波

|音 소리 **음** | 波 물결, 진동하는 결 **파** |

물체의 진동에 의해 발생되는 음이 매질媒質을 통해 전달되는 탄성파彈性波.

045

초음파 超音波

|超 뛰어넘다 **초** | 音 소리 **음** | 波 물결, 진동하는 결 **파** |

사람은 대략 주파수 영역 20~2만Hz 범위의 소리를 들을 수 있으나, 사람의 귀로는 소리로 느낄 수 없는 주파수 약 2만Hz 이상의 음파.

2. 화학

046

물질의 삼태 物質의 三態

|物 사물, 물질 **물** | 質 바탕 **질** | 三 셋 **삼** | 態 모양 **태** |

물질이 원칙적으로 취할 수 있는 세 가지 상태. 즉, 고체·액체·기체.

⓪④⑦

물질 物質

| 物 사물, 물질 **물** | 質 바탕 **질** |

물체를 이루는 실제적인 본바탕.

⓪④⑧

밀도 密度

| 密 빽빽하다 **밀** | 度 ~한 정도 **도** |

빽빽이 들어선 정도. 보통 단위 부피당 물질의 질량.

⓪④⑨

질량 質量

| 質 바탕 **질** | 量 수량 **량** |

어떤 물체에 포함되어 있는 물질의 양量.

⓪⑤⓪

확산 擴散

| 擴 넓히다 **확** | 散 흩어지다 **산** |

어떤 물질 속에 다른 물질이 점차 섞여 들어가는 현상.

⓪⑤①

기체 氣體

| 氣 기운, 공기 **기** | 體 몸 **체** |

물질의 3태三態 중의 하나로, 고체와 달리 일정한 모양과 부피를 갖지 않으며, 액체처럼 유동성流動性은 있으나 용기 전체에 확산되고, 액체보다 훨씬 압축되기 쉬운 상태에 있는 물체의 상태.

⓪⑤②

진공 眞空

| 眞 참 **진** | 空 비다 **공** |

물질이 전혀 존재하지 않는 공간.

⓪⑤③

액체 液體

| 液 액체 **액** | 體 몸 **체** |

물이나 기름과 같이 자유로이 유동하여 용기容器의 모양에 따라 그 모양이 변하며, 일정한 형태를 가지지 않고 압축해도 거의 부피가 변하지 않는 물질.

⓪⑤④

증류수 蒸溜水

| 蒸 찌다 **증** | 溜 방울져 떨어지다 **류** | 水 물 **수** |

증류에 의해서 정제된 순수한 물.

※蒸溜는 액체를 가열하여 생긴 증기를 냉각시켜 다시 액화시킴으로써 성분을 분리 · 정제하는 것.

⓪⑤⑤

증발 蒸發

| 蒸 찌다 **증** | 發 드러내다, 일어나다 **발** |

액체 또는 고체의 표면에서 물체가 기화氣化하는 현상.

⓪⑤⑥

액화 液化

| 液 액체 **액** | 化 변화하다 **화** |

기체 또는 고체 상태에 있는 물질이 액체로 변하는 일.

물질을 구성하는 가장 작은 입자粒子의 하나.

(057)

고체 固體

| 固 굳다 고 | 體 몸 체 |

일정한 모양과 부피를 가진 단단한 물질.

(058)

결정 結晶

| 結 맺다, 엉기다 결 | 晶 수정 정 |

일정한 기하학적 형상을 갖고 있으며, 끓는 점, 녹는 점이 일정한 고체 물질.

(059)

승화 昇華

| 昇 오르다 승 | 華 화려하다 화 |

고체가 액체 상태를 거치지 않고 직접 기체로 변하는 현상. 또 그 반대의 과정을 포함해서 말할 때도 있음.

(060)

융해 融解

| 融 녹다 융 | 解 풀다 해 |

고체가 가열되어 액체로 변하는 현상.

(061)

수용액 水溶液

| 水 물 수 | 溶 녹다 용 | 液 액체 액 |

용액 중에서 용매가 물인 것을 말함.

(062)

분자 分子

| 分 나누다 분 | 子 아들, 작은 것 자 |

(063)

분광기 分光器

| 分 나누다 분 | 光 빛 광 | 器 그릇, 기구 기 |

물질이 방출 또는 흡수하는 빛을 굴절률의 차이로 인하여 여러 파장으로 나누어주는 장치.

(064)

분해 分解

| 分 나누다 분 | 解 풀다 해 |

화합물이 어떤 방법에 의해 보다 간단한 몇 개의 화합물 또는 홑원소 물질로 나뉘는 현상. ↔ 화합, 합성.

(065)

질량 보존의 법칙 質量保存의 法則

| 質 바탕 질 | 量 수량 량 | 保 보호하다 보 | 存 있다 존 | 法 법 법 | 則 법칙 칙 |

화학 반응의 전후에서 반응 물질의 총 질량과 생성 물질의 총 질량은 같다고 하는 법칙.

(066)

탄수화물 炭水化物

| 炭 숯, 탄소 탄 | 水 물 수 | 化 변화하다 화 | 物 사물, 물질 물 |

탄소(C)와 물(H_2O)의 화합물로 녹말, 설탕, 포도당 등이 이에 속함.

(067)

효소 酵素

| 酵 술이 괴다 효 | 素 바탕 소 |

생물체 내에서 각종 화학 반응에 촉매觸媒로 작용하는 단백질.

※ '술이 괴다'는 발효하여 거품이 일다라는 뜻.

3. 생물

⓪⑥⑧
개체 個體

| 個 낱개 **개** | 體 몸 **체** |

하나 하나의 생물.

⓪⑥⑨
세포 細胞

| 細 가늘다 **세** | 胞 세포 **포** |

생물체의 기본적 구성 단위.

⓪⑦⓪
단세포 생물 單細胞生物

| 單 혼자 **단** | 細 가늘다 **세** | 胞 세포 **포** | 生 살다 **생** | 物 사물, 생물 **물** |

한 개의 세포로 된 생물.

⓪⑦①
다세포 생물 多細胞生物

| 多 많다 **다** | 細 가늘다 **세** | 胞 세포 **포** | 生 살다 **생** | 物 사물, 생물 **물** |

분화된 많은 세포가 모여 한 개체를 이루는 생물.

⓪⑦②
생장점 生長點

| 生 살다, 낳다 **생** | 長 길다, 자라다 **장** | 點 점, 장소나 한도를 나타내는 말 **점** |

식물의 줄기와 뿌리 끝에 있으며, 세포 분열이 일어나 새로운 세포가 만들어지는 곳.

⓪⑦③
형성층 形成層

| 形 모양 **형** | 成 이루다 **성** | 層 층 **층** |

식물의 뿌리나 줄기의 물관과 체관 사이에 있는 얇은 조직으로써, 세포 분열을 통하여 새로운 세포를 만들어 부피 생장이 일어나도록 해 줌.

⓪⑦④
표피 表皮

| 表 겉 **표** | 皮 가죽 **피** |

식물체의 표면을 덮은 세포층. 동물체의 피부 표면을 이루는 조직.

⓪⑦⑤
현미경 顯微鏡

| 顯 나타나다 **현** | 微 작다 **미** | 鏡 거울 **경** |

아주 작은 물체를 확대하여 보는 장치.

⓪⑦⑥
경통 鏡筒

| 鏡 거울 **경** | 筒 대롱 **통** |

현미경 등에서 접안 렌즈와 대물 렌즈를 연결하는 둥근 통.

⓪⑦⑦

광학 현미경 光學顯微鏡

| 光 빛 **광** | 學 배우다, 학문 **학** | 顯 나타나다 **현** | 微 작다 **미** | 鏡 거울 **경** |

대물 렌즈와 접안 렌즈에 유리 렌즈를 써서 물체의 미세한 부분을 확대시켜 관찰하는 장치.

⓪⑦⑧

녹말 綠末

| 綠 초록 **록** | 末 끝, 가루 **말** |

녹색 식물의 엽록체 안에서 광합성으로 만들어져 뿌리 · 줄기 · 종자에 저장되는 탄수화물.

⓪⑦⑨

단백질 蛋白質

| 蛋 새알 **단** | 白 희다 **백** | 質 바탕 **질** |

생물 세포의 가장 중요한 성분으로, 탄수화물, 지방과 함께 3대 영양소의 하나. = 흰자질.

⓪⑧⓪

지방 脂肪

| 脂 기름 **지** | 肪 비계 **방** |

동물이나 식물에 들어 있는, 보통 온도에서 고체인 기름.

⓪⑧①

포도당 葡萄糖

| 葡 포도 **포** | 萄 포도나무 **도** | 糖 사탕, 물에 녹아 단맛을 내는 탄수화물 **당** |

과일이나 벌꿀 속에 들어 있는 당분의 일종. 생물 조직 속에서 에너지원으로 소비됨.

⓪⑧②

탄수화물 炭水化物

| 炭 숯, 탄소 **탄** | 水 물 **수** | 化 변화하다 **화** | 物 사물, 물질 **물** |

일반적으로 탄소 · 수소 · 산소의 세 원소로 이루어지는 화합물. 넓은 뜻으로는 당류糖類 · 당질糖質과 같은 뜻으로 쓰임.

⓪⑧③

소화 消化

| 消 사라지다, 삭이다 **소** | 化 변화하다 **화** |

섭취한 음식물을 분해하여 영양소를 흡수할 수 있는 형태로 변화시키는 작용.

⓪⑧④

대장 大腸

| 大 크다 **대** | 腸 창자 **장** |

큰 창자.

⓪⑧⑤

소장 小腸

| 小 작다 **소** | 腸 창자 **장** |

작은 창자.

⓪⑧⑥

융털 絨털

| 絨 두툼한 모직물 **융** |

작은 창자의 점막에 있는 아주 작은 돌기. 소장의 안벽에 있는 수많은 돌기로 장의 표면적을 크게 하고 소화를 도우며 영양소의 흡수를 용이하게 함.

087

연동 운동 蠕動運動

| 蠕 꿈틀거리다 **연** | 動 움직이다 **동** | 運 움직이다 **운** | 動 움직이다 **동** |

위벽胃壁, 장벽腸壁의 근육 수축에 의한 규칙적인 위장의 운동.

088

위액 胃液

| 胃 위장 **위** | 液 액체 **액** |

위의 안벽에 있는 위샘에서 분비되는 소화액

089

혈액 血液

| 血 피 **혈** | 液 액체 **액** |

동물의 혈관 안을 순환하는 체액.

090

혈구 血球

| 血 피 **혈** | 球 공 **구** |

혈액을 구성하는 세포 성분으로, 적혈구 · 백혈구 · 혈소판 등이 있음.

091

백혈구 白血球

| 白 희다 **백** | 血 피 **혈** | 球 공 **구** |

혈액의 세포 성분으로 병원체로부터 몸을 보호하는 역할을 함.

092

적혈구 赤血球

| 赤 붉다 **적** | 血 피 **혈** | 球 공 **구** |

혈액의 세포 성분으로 주로 산소를 운반하는 역할을 함.

093

혈소판 血小板

| 血 피 **혈** | 小 작다 **소** | 板 널빤지 **판** |

혈액의 세포 성분으로서 주로 혈액의 응고에 관여함.

094

혈장 血漿

| 血 피 **혈** | 漿 미음 **장** |

혈액을 구성하는 액체 성분.

095

혈압 血壓

| 血 피 **혈** | 壓 누르다 **압** |

심장에서 밀려 나온 혈액이 혈관의 벽을 미는 힘(mmHg).

096

빈혈 貧血

| 貧 가난하다, 모자라다 **빈** | 血 피 **혈** |

혈액 속에 적혈구나 헤모글로빈이 부족하여 일어나는 현상.

097

혈관 血管

| 血 피 **혈** | 管 대롱 **관** |

혈액을 체내에 유통시키는 관으로, 심장을 가

진 척추 동물에서는 동맥 · 정맥 · 모세혈관으
로 구분함.

⓪⑨⑧

모세혈관 毛細血管

| 毛 털, 지극히 작거나 가벼운 것의 비유 **모** |
細 가늘다 **세** | 血 피 **혈** | 管 대롱 **관** |

온몸에 그물처럼 퍼져 동맥과 정맥을 이어 주
는 혈관.

⓪⑨⑨

동맥 動脈

| 動 움직이다 **동** | 脈 맥 **맥** |

심장에서 몸의 각 부분으로 나가는 혈액이 흐
르는 혈관.

①⓪⓪

대동맥 大動脈

| 大 크다 **대** | 動 움직이다 **동** | 脈 맥 **맥** |

심장으로부터 온몸에 피를 내보내는 동맥의
본줄기.

①⓪①

정맥 靜脈

| 靜 고요하다 **정** | 脈 맥 **맥** |

심장으로 들어가는 혈액이 흐르는 혈관.

①⓪②

대정맥 大靜脈

| 大 크다 **대** | 靜 고요하다 **정** | 脈 맥 **맥** |

몸 안에 흩어져 있는 작은 정맥의 피를 모아 심
장으로 보내는 큰 정맥.

①⓪③

맥박 脈搏

| 脈 맥 **맥** | 搏 치다 **박** |

심장의 운동으로 나오는 혈액에 의하여 나타
나는 동맥의 움직임.

①⓪④

심방 心房

| 心 마음, 심장 **심** | 房 방 **방** |

심장 가운데 정맥과 직결되어 있는 부분.

①⓪⑤

우심방 右心房

| 右 오른쪽 **우** | 心 마음, 심장 **심** | 房 방 **방** |

심장 안의 오른쪽 윗부분.

①⓪⑥

우심실 右心室

| 右 오른쪽 **우** | 心 마음, 심장 **심** | 室 방 **실** |

심장 안의 오른쪽 아랫부분.

①⓪⑦

좌심방 左心房

| 左 왼쪽 **좌** | 心 마음, 심장 **심** | 房 방 **방** |

심장 안의 왼쪽 윗부분.

①⓪⑧

좌심실 左心室

| 左 왼쪽 **좌** | 心 마음, 심장 **심** | 室 방 **실** |

심장 안의 왼쪽 아랫부분.

체순환 體循環

|體 몸 체|循 빙빙 돌다 순|環 둘러싸다, 돌다 환|

심장에서 나온 혈액이 폐를 제외한 온몸을 거쳐 다시 심장으로 되돌아가는 순환 과정. = 대순환.

⑪⓪

판막 瓣膜

|瓣 판막 판|膜 얇은 꺼풀 막|

심장과 정맥에 있으며 혈액이 거꾸로 흐르는 것을 막아 주는 구조.

⑪⑪

호흡 呼吸

|呼 부르다, 숨을 내쉬다 호|吸 빨아들이다 흡|

생명 현상을 유지하기 위하여 숨을 내쉬고 들이쉬는 작용. 산소를 마시고 이산화탄소를 배출하는 기체 교환 현상.

⑪②

폐포 肺胞

|肺 허파 폐|胞 세포 포|

폐를 구성하는 포도송이 모양의 수많은 작은 구조.

⑪③

횡격막 橫膈膜

|橫 가로 횡|膈 칸막이 격|膜 얇은 꺼풀 막|

흉강胸腔과 복강腹腔을 구획하는 근육성의 막으로, 포유류에만 있음. = 가로막.

⑪④

신장 腎臟

|腎 콩팥 신|臟 내장 장|

혈액에 들어 있는 노폐물을 걸러 내어 오줌을 생성하는 기관.

⑪⑤

사구체 絲球體

|絲 실 사|球 공 구|體 몸 체|

콩팥의 피질皮質에 있는 말피기 소체에 들어 있는 모세혈관의 덩어리.

※絲球는 털실 뭉치 모양으로 보인다고 하여 붙여진 이름.

⑪⑥

요도 尿道

|尿 오줌 뇨|道 길 도|

오줌을 방광으로부터 몸 밖으로 내보내는 관.

⑪⑦

요소 尿素

|尿 오줌 뇨|素 바탕 소|

동물의 오줌 속에 들어 있는 질소 화합물. 질소 비료의 원료가 됨.

4. 지구과학

⑪⑧

지각 地殼

| 地 땅 **지** | 殼 껍질 **각** |

땅의 가장 바깥 껍질 부분에 해당하고 우리가 딛고 있는 부분으로, 대륙 지각과 해양 지각으로 구별함.

⑪⑲ 지진 地震

| 地 땅 **지** | 震 떨다 **진** |

지각 내부의 급격한 변화로 인하여 지면이 진동하는 자연 현상.

⑫⑩ 지진파 地震波

| 地 땅 **지** | 震 떨다 **진** | 波 물결, 진동하는 결 **파** |

지구 내부에서 지진에 의한 급격한 충격으로 발생하는 파로, 지구 내부를 통과하는 중심파인 P파, S파, 그리고 지표면을 따라 전달되는 표면파인 L파가 있음.

⑫① 진원 震源

| 震 떨다 **진** | 源 근원 **원** |

지구 내부에서 지진이 발생하는 지점.

⑫② 진앙 震央

| 震 떨다 **진** | 央 가운데 **앙** |

진원 바로 위의 지표상의 지점으로, 지진의 피해가 가장 큰 지역.

⑫③ 암영대 暗影帶

| 暗 어둡다 **암** | 影 그림자 **영** | 帶 띠, 근처 **대** |

지진이 일어날 때 지진파가 관측되지 않는 일정한 지역.

⑫④ 자기장 磁氣場

| 磁 자석 **자** | 氣 기운 **기** | 場 마당 **장** |

지구 자기의 기운이 미치는 공간으로, 지구의 자북극 · 자남극은 지리상의 북극 · 남극과는 다르게 외부 자기장의 세기에 따라 일 변화 및 영년 변화에 의해 지속적으로 움직임.

⑫⑤ 조흔색 條痕色

| 條 조목, 끈 **조** | 痕 흔적 **흔** | 色 색깔 **색** |

나뭇가지로 줄을 긋듯이 광물을 초벌 구이 도자기판에 줄을 그었을 때 나타나는 광물 가루의 색의 흔적.

⑫⑥ 조암 광물 造巖鑛物

| 造 만들다 **조** | 巖 바위 **암** | 鑛 쇳돌 **광** | 物 사물, 물질 **물** |

암석을 이루는 광물. 광물의 종류는 약 2,500종으로 매우 많으나, 그 중에서 실제로 암석을 구성하는 조암 광물에 속하는 것은 약 30여 종에 불과함.

⑫⑦ 침식 浸蝕

|浸 스며들다, 점점 침 | 蝕 좀먹다 식 |

육지가 풍화 작용에 의하여 깎이고 부서지는 과정.

①②⑧

파식 대지 波蝕臺地

| 波 물결 파 | 蝕 좀먹다 식 | 臺 높고 평평한 곳 대 | 地 땅 지 |

파도의 침식과 풍화 작용으로 인해 육지가 깎여 나가 해안에 가까운 바다 밑에 생긴 평탄면. = 파식대.

①②⑨

해식 대지 海蝕臺地

| 海 바다 해 | 蝕 좀먹다 식 | 臺 높고 평평한 곳 대 | 地 땅 지 |

바닷물의 침식 작용에 의하여 이루어진 평탄한 바다 밑.

①③⓪

삼릉석 三稜石

| 三 셋 삼 | 稜 모서리 릉 | 石 돌 석 |

바람에 날리는 모래의 침식 작용으로 세 개의 면과 모서리가 잘 발달된 돌.

①③①

풍화 風化

| 風 바람 풍 | 化 변화하다 화 |

지표의 암석이 공기 · 물 · 생물 등의 작용으로 돌조각 또는 흙으로 변화되는 작용.

①③②

곡류 曲流

| 曲 휘다 곡 | 流 흐르다 류 |

산지에서 흘러 나온 강물이 평지를 지나면서 구불구불하게 흐르는 것.

①③③

빙하 氷河

| 氷 얼음 빙 | 河 강물 하 |

높은 산에 내린 눈이 쌓여 다져지면 아래쪽의 눈이 얼음 층으로 변하여 천천히 낮은 곳으로 흐르는데, 이를 빙하라 함.

①③④

층리 層理

| 層 층 층 | 理 이치, 결 리 |

퇴적암에서 나타나는 층과 층 사이의 평행한 줄무늬.

①③⑤

퇴적 堆積

| 堆 높이 쌓이다 퇴 | 積 쌓다 적 |

암석의 파편이나 생물의 유해 등이 물 · 빙하 · 바람 등에 의하여 운반되어 어떤 곳에 쌓이는 현상.

①③⑥

퇴적 대지 堆積臺地

| 堆 높이 쌓이다 퇴 | 積 쌓다 적 | 臺 높고 평평한곳 대 | 地 땅 지 |

파도의 침식 작용으로 깎인 물질이 해식 대지의 기슭에 쌓인 지형.

⑴⑶⑺

퇴적물 堆積物

| 堆 높이 쌓이다 **퇴** | 積 쌓다 **적** | 物 사물, 물질 **물** |

부스러진 암석 조각이나 모래 등이 운반되어 쌓여 있는 물질.

⑴⑶⑻

퇴적암 堆積巖

| 堆 높이 쌓이다 **퇴** | 積 쌓다 **적** | 巖 바위 **암** |

퇴적물이 굳어져서 만들어진 암석.

⑴⑶⑼

빙퇴석 氷堆石

| 氷 얼음 **빙** | 堆 높이 쌓이다 **퇴** | 石 돌 **석** |

빙하에 의하여 운반되어 하류에 퇴적된 암석 부스러기.

⑴⑷⓪

사구 砂丘

| 砂 모래 **사** | 丘 언덕 **구** |

바람에 의해 운반되던 모래가 쌓여 생긴 모래 언덕으로, 바람을 받는 쪽은 경사가 완만하고, 그 반대쪽은 경사가 급함.

⑴⑷⑴

내핵 內核

| 內 안 **내** | 核 사물의 가장 중심 **핵** |

지하 5,100km에서 지구 중심까지의 층으로 고체 상태임.

⑴⑷⑵

외핵 外核

| 外 바깥 **외** | 核 사물의 가장 중심 **핵** |

지구의 핵 중에서 지하 2,900km에서 5,100km 까지의 층으로 액체 상태임.

⑴⑷⑶

표토 表土

| 表 겉 **표** | 土 흙 **토** |

작물 재배 시에 갈아 일으킨 흙의 윗부분.

⑴⑷⑷

심토 心土

| 心 마음, 가운데 **심** | 土 흙 **토** |

표토表土 아래층의 토양으로, 농기구로 갈아 지지 아니하는 부분.

⑴⑷⑸

결정 結晶

| 結 맺다 **결** | 晶 밝다, 수정(水晶) **정** |

원자가 규칙 바르게 주기적으로 배열되어 이루어진 고체. 또는 그런 고체로 엉기어 맺힘.

⑴⑷⑹

결정형 結晶形

| 結 맺다 **결** | 晶 밝다, 수정(水晶) **정** | 形 모양 **형** |

결정이 나타내는 겉모양.

⑴⑷⑺

광물 鑛物

| 鑛 쇳돌 광 | 物 사물, 물질 물 |

금·철·구리 등과 같이 땅이나 물속에서 천연으로 나는 돌이나 쇠붙이.

⑴④⑧

사암 砂巖

| 砂 모래 사 | 巖 바위 암 |

모래가 뭉쳐져서 만들어진 돌.

⑴④⑨

석회암 石灰巖

| 石 돌 석 | 灰 재 회 | 巖 바위 암 |

탄산칼슘(탄산석회)으로 되어 있는 수성암으로, 건축 용재나 석회 또는 시멘트의 원료로 사용함.

⑴⑤⓪

모질물 母質物

| 母 어머니, 근원 모 | 質 바탕 질 | 物 사물, 물질 물 |

모암母巖에서 떨어져 나온 암석 조각이나 흙으로 이루어진 토양.

⑴⑤①

대기 大氣

| 大 크다 대 | 氣 기운, 공기 기 |

지구 중력에 의하여 지구 주위를 둘러싸고 있는 기체. = 대기권.

⑴⑤②

대기권 大氣圈

| 大 크다 대 | 氣 기운, 공기 기 | 圈 범위 권 |

⑴⑤③

계면 界面

| 界 (땅의) 경계 계 | 面 얼굴, 겉 면 |

대기권 중에서 맞닿아 있는 두 층의 경계면.

⑴⑤④

대류권 對流圈

| 對 마주 대하다 대 | 流 흐르다 류 | 圈 범위 권 |

대기권 중에서 기체의 대류가 활발하게 일어나는 구간.

⑴⑤⑤

성층권 成層圈

| 成 이루다 성 | 層 층 층 | 圈 범위 권 |

대기권 중에서 대류권 위에 있는, 일정한 층을 (매우 안정하게 위아래 공기층이 섞이지 않도록) 이루고 있는 구간.

⑴⑤⑥

중간권 中間圈

| 中 가운데 중 | 間 사이 간 | 圈 범위 권 |

대기권 중에서 성층권과 열권 사이 중간 부분에 위치한 구간.

⑴⑤⑦

열권 熱圈

| 熱 뜨겁다 열 | 圈 범위 권 |

대기권 중에서 가장 바깥층으로 온도가 가장 높은 구간이 있는 부분.

0001

집합 集合

| 集 모으다 **집** | 合 합하다 **합** |

'우리 반 학생의 모임', '5보다 크고, 10보다 작은 자연수의 모임' 과 같이 어떤 조건에 따라 일정하게 결정되는 요소의 모임. 기호로는 { } 로 나타냄.

0002

원소 元素

| 元 근본 **원** | 素 바탕 **소** |

원元 또는 요소要素라고도 함. 기호로 $a \in A$ 또는 $A \ni a$와 같이 나타내며, '원소 a가 집합 A에 속한다' 라 함.

0003

무한집합 無限集合

| 無 없다 **무** | 限 한계 **한** | 集 모으다 **집** | 合 합하다 **합** |

원소의 개수가 무한개인 집합.

0004

유한집합 有限集合

| 有 있다 **유** | 限 한계 **한** | 集 모으다 **집** | 合 합하다 **합** |

원소의 개수가 유한개인 집합.

0005

공집합 空集合

| 空 비다 **공** | 集 모으다 **집** | 合 합하다 **합** |

원소를 하나도 갖지 않은 집합으로, 기호로는 $\varnothing$, { }와 같이 나타냄.

0006

부분집합 部分集合

| 部 분류 **부** | 分 나누다 **분** | 集 모으다 **집** | 合 합하다 **합** |

어떤 집합의 일부분이 되는 집합으로, 기호로는 $A \subset B$ 또는 $B \supset A$와 같이 나타내며, 이것을 'A는 B에 포함된다' 또는 'B는 A를 포함한다'고 함.

0007

합집합 合集合

| 合 합하다 **합** | 集 모으다 **집** | 合 합하다 **합** |

두 개 이상의 집합의 원소를 모두 합한 전체 집합.

008

교집합 交集合

| 交 사귀다, 서로 **교** | 集 모으다 **집** | 合 합하다 **합** |

두 개 이상의 집합이 서로 만나서 동시에 속하는 원소 전체로 된 집합. 기호로 A∩B와 같이 나타냄.

009

차집합 差集合

| 差 차이 **차** | 集 모으다 **집** | 合 합하다 **합** |

어떤 한 집합에서 다른 집합을 뺀 집합. 두 집합 A, B에 대하여, A에는 속하나 B에는 속하지 않는 원소 전체로 된 집합. 기호로는 A−B, A−B = A∩B^{c}와 같이 나타냄.

010

여집합 餘集合

| 餘 남다 **여** | 集 모으다 **집** | 合 합하다 **합** |

전체 집합 U의 한 부분 집합 A에서, U에는 속하지만 집합 A에는 속하지 않는 나머지 원소의 집합. 기호로 $\overline{A}$ 또는 A^{c}와 같이 나타냄. = 보집합補集合.

011

자연수 自然數

| 自 스스로 **자** | 然 그러하다 **연** | 數 숫자 **수** |

1, 2, 3… 등과 같이, 수의 발생과 동시에 있었다고 생각되는 가장 소박하고 일상적인 수.

012

정수 整數

| 整 가지런하다 **정** | 數 숫자 **수** |

양수陽數('0' 보다 큰 수. 1, 2, 3 …)와 0, 음수陰數('0' 보다 작은 수. −1, −2, −3 …)를 모두 가리키는 말.

013

유리수 有理數

| 有 있다 **유** | 理 이치 **리** | 數 숫자 **수** |

실수 중에서 정수整數와 분수分數를 합쳐서 유리수라고 함.

※理는 본래 한자 '비比(비율)'의 개념임.

014

소수 素數

| 素 바탕 **소** | 數 숫자 **수** |

1보다 큰 정수가 1과 그 자신 이외의 양의 약수約數를 가지지 않는 수.

015

소수 小數

| 小 작다 **소** | 數 숫자 **수** |

절대값이 1보다 작은 수. 0과 1 사이의 실수.

016

소인수 素因數

| 素 바탕 **소** | 因 원인 **인** | 數 숫자 **수** |

소수素數인 인수因數(=약수約數).

⑰⑦

항등식 恒等式

| 恒 항상 **항** | 等 등급, 같다 **등** | 式 형식, 계산식 **식** |

식 중의 문자에 어떤 수치를 넣어도 항상 성립하는 등식.

⑱⑧

단항식 單項式

| 單 혼자 **단** | 項 조목 **항** | 式 형식, 계산식 **식** |

숫자와 문자, 문자와 문자 사이에 곱셈만으로 이루어진 식.

⑲⑨

다항식 多項式

| 多 많다 **다** | 項 조목 **항** | 式 형식, 계산식 **식** |

두 개 이상의 단항식, 혹은 다항식을 합으로 연결한 식.

⑳

계수 係數

| 係 매다, 관계되다 **계** | 數 숫자 **수** |

항에서 문자를 제외한 나머지 부분.

②①

차수 次數

| 次 다음, 횟수 **차** | 數 숫자 **수** |

단항식에 포함된 문자 인수因數의 개수.

②②

상수항 常數項

| 常 항상 **상** | 數 숫자 **수** | 項 조목 **항** |

문자 없이 숫자만 있는 항.

②③

동류항 同類項

| 同 같다 **동** | 類 종류 **류** | 項 조목 **항** |

계수係數는 다르지만 문자와 차수次數가 같은 항.

②④

등식 等式

| 等 등급, 같다 **등** | 式 형식, 계산식 **식** |

식·문자 또는 수가 등호(=)로 연결되어 있는 식.

②⑤

등호 等號

| 等 등급, 같다 **등** | 號 이름, 부호 **호** |

같음을 나타내는 기호. '='.

②⑥

부등호 不等號

| 不 ~하지 않다 **불/부** | 等 등급, 같다 **등** | 號 이름, 부호 **호** |

같지 않음을 나타내는 기호. $<$, $>$, $\leqq$, $\geqq$.

②⑦

항등식 恒等式

| 恒 항상 **항** | 等 등급, 같다 **등** | 式 형식, 계산식 **식** |

문자를 포함한 등식으로 그 문자에 어떤 수 또는 함수를 대입하여 성립할 때의 등식.

⓪②⑧
인수 因數

| 因 원인 **인** | 數 숫자 **수** |

기원이 되는 수. 예를 들어 6=2×3에서 2와 3을 각각 6의 인수라고 함.

⓪②⑨
서로소 서로素

| 素 바탕 **소** |

1 이외에 공약수公約數를 갖지 않는 두 자연수.

⓪③⓪
약분 約分

| 約 약속하다, 간추리다 **약** | 分 나누다 **분** |

분수分數의 분모와 분자를 그 공약수公約數로 나누어 분수의 값을 변화시키지 않고 분수를 간단히 하는 것.

⓪③①
통분 通分

| 通 통하다 **통** | 分 나누다 **분** |

분수 밑을 같은 수나 같은 식으로 만드는 것.

⓪③②
기약분수 旣約分數

| 旣 이미, 다 없어지다 **기** | 約 약속하다, 간추리다 **약** | 分 나누다 **분** | 數 숫자 **수** |

더 이상 약분이 되지 않는 분수.

⓪③③
역수 逆數

| 逆 거스르다 **역** | 數 숫자 **수** |

어떤 수로써 1을 나누어 얻은 몫을 그 어떤 수에 대하여 일컬음. 예를 들어 '5'의 역수는 '1/5'.

⓪③④
방정식 方程式

| 方 방향, 네모 **방** | 程 (~하는) 과정 **정** | 式 형식, 계산식 **식** |

문자를 포함하는 등식에서, 문자에 어떤 특정한 수를 대입할 때만 성립하는 등식.

⓪③⑤
근 根 · 해 解

| 根 뿌리 **근** | 解 풀다 **해** |

방정식을 성립시키는 미지수의 값.

⓪③⑥
해집합 解集合

| 解 풀다 **해** | 集 모으다 **집** | 合 합하다 **합** |

해 전체의 집합.

⓪③⑦
수직선 數直線

| 數 숫자 **수** | 直 곧다 **직** | 線 줄 **선** |

직선 위의 각 점에 하나의 실수 x를 대응시킨 것.

038

수직선 垂直線

| 垂 드리우다 **수** | 直 곧다 **직** | 線 줄 **선** |

어떤 직선이나 평면과 직각을 이루는 직선.

039

좌표 座標

| 座 자리 **좌** | 標 표시하다 **표** |

직선 · 평면 · 공간에서 점의 위치를 나타내는 수의 짝.

040

좌표축 座標軸

| 座 자리 **좌** | 標 표시하다 **표** | 軸 중심 축 **축** |

좌표를 정할 때 그 표준이 되는 축.

041

평행 平行

| 平 평평하다 **평** | 行 다니다 **행** |

나란히 감. 두 직선이 한 평면에서 만나지 않는 상태.

042

수직 垂直

| 垂 드리우다 **수** | 直 곧다 **직** |

직선과 직선, 직선과 평면, 평면과 평면이 이루는 각이 직각일 때, 이들은 서로 수직이라 함.

043

원 圓

| 圓 둥글다 **원** |

한 평면 위의 한 일정한 점에서 같은 거리에 있는 점들의 집합.

044

함수 函數

| 函 상자 **함** | 數 숫자 **수** |

영어 function(기능, 작용)의 소리를 중국어로 옮긴 것으로, 상자에 수를 넣어 새로운 수가 되게 하는 것. 즉 변수 x와 y사이에 x의 값이 정해지면 따라서 y의 값이 정해진다는 관계가 있을 때, y는 x의 함수라고 함.

045

대응 對應

| 對 마주 대하다 **대** | 應 응하다 **응** |

두 개의 집합 A, B에서 A의 각각의 원소에 대하여 B의 원소가 정해질 때, A의 원소에 B의 원소가 대응한다고 함.

046

정의역 定義域

| 定 정하다 **정** | 義 옳다, (말이나 글의) 뜻 **의** | 域 지역 **역** |

집합 X에서 집합 Y로의 사상寫像(함수) f에 대하여 X를 f의 정의역이라고 함.

047

공역 共域

| 共 함께 **공** | 域 지역 **역** |

함수에서 변수變數가 변화할 수 있는 값의 범위. f:X → Y, Y의 집합.

⓪④⑧

치역 値域

| 値 값 **치** | 域 지역 **역** |

함수가 취하는 값 전체의 집합.

⓪④⑨

각 角

| 角 뿔, 각도 **각** |

두 직선의 한 끝이 서로 만나는 곳.

⓪⑤⓪

예각 銳角

| 銳 날카롭다 **예** | 角 뿔, 각도 **각** |

직각보다 작은 각. $0°<x<90°$

⓪⑤①

둔각 鈍角

| 鈍 둔하다 **둔** | 角 뿔, 각도 **각** |

직각보다 큰 각. $90°<x<180°$

⓪⑤②

호 弧

| 弧 활 **호** |

원에서 원주 위의 두 점 사이의 활처럼 되어 있는 부분.

⓪⑤③

원주 圓周

| 圓 둥글다 **원** | 周 두루, 둘레 **주** |

원의 가장자리.

⓪⑤④

원주율 圓周率

| 圓 둥글다 **원** | 周 두루, 둘레 **주** | 率 비율 **률** |

원의 지름의 길이에 대한 원둘레 길이의 비율.

전통 문화 한자 어휘

文化는 인류의 지식·신념·행위의 모든 것을 가리키는 말로, 생활·건축·문화재·철학·종교·예술·과학 등의 많은 방면이 문화의 범위에 속합니다. 전통 문화는 현대 사회 이전의 5천 년 역사 동안 쌓여 온 우리나라의 문화를 말합니다.

우리나라는 오랜 역사 동안 높은 수준의 문화를 독자적으로 발전·유지시켜 왔습니다. 그러나 일제 시대의 문화 말살과 6·25 전쟁이라는 비극을 겪으면서, 전통 문화에 대한 올바른 평가의 기회를 놓쳤을 뿐만 아니라, 이러한 문제의 원인을 전통 문화에 두기도 하였습니다. 이 때문에 전통 문화의 가치는 관심 밖에 있었고, 서양의 문화를 우리의 모델로 만들려는 시도가 계속되어 왔습니다. 하지만 이는 잘못된 태도이며, 지금부터라도 참된 전통 문화의 가치를 찾는 노력이 있어야겠습니다. 이후에는 우리나라 문화의 자부심을 되찾고, 세계적인 문화로 키워 나가야 할 것입니다.

여기는 이러한 노력의 기초를 다지기 위한 학습 공간입니다. 앞에 도덕, 국사 과목과 문화 유산 한자 어휘 부분에서 전통 문화 관련 한자 어휘가 많이 나왔기 때문에, 여기서는 그 외의 나머지 한자 어휘를 소개하겠습니다.

성명 姓名

우리나라의 士人들은 태어나면서 名을 받고, 성인이 되면 字를 갖게 되며, 號도 지어 주었습니다. 그리고 공적이 있는 사람은 죽은 뒤에 諡號라는 것을 내려 주기 때문에, 한 사람이 여러 호칭을 갖는 경우가 많았습니다.

- 본관本貫 – 개인의 시조始祖가 난 곳 또는 성姓의 출처지出處地.
- 성명姓名 – 출생의 계통을 나타내기 위하여 이름 앞에 붙이는 칭호와 이름.
- 자字 – 남자가 성인이 되었을 때 붙이는 이름.
- 호號 – 본 이름이나 자字 외에 편하게 부를 수 있도록 지은 이름.
- 시호諡號 – 벼슬한 사람이나 관직에 있던 선비들이 죽은 뒤에 그 행적에 따라 왕으로부터 받은 이름.

※諡는 죽은 자의 생전 행적에 의하여 임금이 내려주는 칭호.

간지干支

년·월·일·시를 지금은 아라비아 숫자로 표기하지만 예전에는 10干과 12支의 한자를 하나씩 짝을 맺어 표기했습니다. 예를 들어 甲子, 乙丑 … 癸酉, 甲戌, 乙亥, 丙子 … 이렇게 계속 짝을 맞추다보면 60번만에 다시 甲子로 돌아옵니다. 그래서 이를 육십갑자六十甲子, 또는 줄여서 육갑六甲이라고 부릅니다. 이렇게 간지는 우리나라와 중국에서 연도와 날짜 등을 표기할 때 가장 널리 쓰던 돌림법입니다.

◇10간干 [干 방패, 천간 간]
甲 첫째 천간 **갑**

乙 둘째 천간 **을**
丙 셋째 천간 **병**
丁 넷째 천간 **정**
戊 다섯째 천간 **무**
己 자기, 여섯째 천간 **기**
庚 일곱째 천간 **경**
辛 맵다, 여덟째 천간 **신**
壬 아홉째 천간 **임**
癸 열째 천간 **계**

◇ 12지支 [支 갈라져 나오다, 지지 지]
子 아들, 첫째 지지 **자**
丑 둘째 지지 **축**
寅 셋째 지지 **인**
卯 넷째 지지 **묘**
辰 다섯째 지지 **진**
巳 여섯째 지지 **사**
午 일곱째 지지 **오**
未 아직 ~않다, 여덟째 지지 **미**
申 아홉째 지지 **신**
酉 열째 지지 **유**
戌 열한 번째 지지 **술**
亥 열두 번째 지지 **해**

고사성어 故事成語 = 古事成語

|故·古 옛고|事 일 사|成 이루다 성|語 말씀 어|

대개 고대 중국과 우리나라에서 전해져 내려오는 의미 있는 이야기를 축약하여 만든 말.

고사성어는 글자 그대로 옛날에[故·古] 있었던 일을[事] 짧은 말로[語](흔히 4자로) 만든[成] 것입니다. 그래서 성어의 의미를 정확하게 파악하려면 고사를 알아야 합니다. 예를 들어 어부지리漁父之利를 글자대로 풀이하면 '어부의 이익'이란 뜻입니다. 그러나 이 이야기의 유래를 알지 못하면 왜 '제삼자가 이익을 얻을 때' 쓰는 표현인지 이해할 수 없습니다. 어부지리는,

"조개 한 마리가 껍질을 벌려 살을 내놓고 햇볕을 쬐고 있을 때, 도요새가 날아와 조개의 살을 쪼자 조개는 껍질을 닫아서 도요새의 부리를 물었다. 둘이 물고 물리어 서로 버티고 있을 무렵 어부가 나타나 모두 잡아 버렸다."

는 고사에서 유래했습니다. 그래서 둘이 다투다가 엉뚱한 사람이 이익을 챙길 때, 이를 줄여서 어부지리라는 표현을 씁니다.

이 때문에 아래에는 고사성어의 성격을 이해하기 위해 수많은 고사성어 중에 중1 학생이 알아두어야 할 것을 선별하여 소개하였습니다. 다만, 고사를 모르더라도 한자 풀이만으로 그 의미를 파악할 수 있는 성어는 뺐습니다.

◎◎1

결초보은 結草報恩

풀잎을 엮어서 은혜를 갚음. 즉 죽어서도 은혜를 갚음.

위무자라는 사람의 아버지가 평소에 첩을 재혼시키라는 유언을 했다가 죽기 바로 전에 무덤에 함께 묻어 달라는 유언을 남겼다. 이에 위무자는 앞의 유언을 따라 새로 결혼시켰는데, 위과가 싸움터에 나갔을 때, 그 첩의 아버지의 혼령이 적군 장수의 앞 길에 풀을 묶어 넘어뜨리는 바람에 공을 세울 수 있도록 하였다는 고사에서 유래함.

◎◎2

기우 杞憂

기나라 사람의 근심. 쓸데없는 걱정.

기(杞)라고 하는 조그만 나라에 하늘이 무너지고, 땅이 꺼지면 어떻게 할 것인가를 걱정하여 밤에 잠도 못 자고 음식도 먹지 못

하는 사람이 있었다. 이에 그의 현명한 친구가 "하늘은 기(氣)가 빈틈없이 쌓인 것이라 무너지지 않고, 땅은 흙이 빈틈없이 쌓여 만들어진 것이라 꺼지지 않는다"라고 말해 주자, 기나라 사람은 걱정을 하지 않게 되었다는 고사에서 유래함.

※ 杞나라 이름 기

◎◎③

등용문 登龍門

오르면 용이 되는 문. 출세의 어려운 관문.

물고기가 중국 황하(黃河) 상류의 급류를 이룬 곳인 용문(龍門)을 오르면 용이 된다는 전설에서 유래함.

◎◎④

맹모삼천지교 孟母三遷之敎

맹자 어머니가 자식의 교육을 위해 세 번 이사한 가르침. 교육에서 환경이 중요함.

맹자가 공동묘지 근처에 살 때 곡(哭)하는 흉내를 내자 시장 근처로 이사를 갔으나, 그곳에서는 장사 흉내를 내자 이번에는 서당으로 이사를 하였고, 그 후에는 맹자가 공부를 열심히 하였다는 고사에서 유래함.

◎◎⑤

모순 矛盾

창과 방패. 말이나 행동의 앞뒤가 서로 맞지 않음.

창과 방패를 파는 사람이, 자신의 창은 모든 물건을 다 뚫고, 자신의 방패를 뚫는 물건은 없다고 하자, 구경하던 어떤 사람이 그 창으로 그 방패를 뚫어 보라고 하자 아무 말도 못했다는 고사에서 유래함.

◎◎⑥

배수진 背水陣

물을 등지고 치는 진. 어떤 일에 죽기를 각오하고 정면으로 맞섬.

한신이 조(趙)나라를 칠 때, 병사들로 하여금 강물을 등지는 진을 치게 하였는데, 이는 병법과 반대되는 내용이었지만 결국 승리하였다. 한신의 부하 장수들이 이를 의아해 하자, 병법에 '죽을 땅에 빠뜨려 두어야 사는 길이 있다' 고 한 내용을 응용했다고 대답했다는 고사에서 유래함.

⑩⑩⑦

백미 白眉

흰 눈썹. 여럿 가운데서 가장 뛰어남.

마량의 형제는 다섯 사람이었는데, 모두 재주가 있어 유명했으나 그 중에서도 마량이 가장 뛰어났다. 그런데 마량의 눈썹 속에 흰털이 섞여 있었기 때문에 그를 백미(白眉)라고 불렀다는 고사에서 유래함.

⑩⑩⑧

사면초가 四面楚歌

사방에서 초나라의 노래가 들림. (모두 적으로 둘러싸여) 누구의 도움도 받을 수 없는 상황.

항우는 한신이 이끄는 연합군에게 쫓기다가 포위를 당하였다. 이에 장량은 초나라 군사의 사기를 떨어뜨리려고 사로잡은 초나라 군사들에게 밤에 초나라 노래를 부르도록 했다. 포위된 초나라 군사들은 어두운 틈을 타서 도망쳤고, 항우도 전세가 더욱 악화되자 기병 800명을 이끌고 포위를 뚫었으나 결국 오강에서 장렬한 최후를 마쳤다는 고사에서 유래함.

⑩⑩⑨

사족 蛇足

뱀을 그리는 데 뱀에게는 없는 발까지 더함. 안 해도 될 쓸 데 없는 일을 하다가 도리어 일을 그르침.

초나라에 어떤 사람이 제사를 지낸 후 하인들에게 술을 주었는데, 여러 사람이 먹기에는 부족하고 한 사람이 먹기에는 여유가 있었다. 이에 한 하인의 제안으로 땅바닥에 가장 먼저 뱀을 그리는 사람이 술을 모두 마시기로 했다. 시합이 시작되고, 맨 처음

뱀을 그린 하인이 있었는데 시간이 남아돌아 뱀의 발까지 그렸다가, 뱀엔 발이 없다는 이유로 술을 못 먹게 되었다는 고사에서 유래함.

새옹지마 塞翁之馬

변방 늙은이의 말. 인생의 길흉화복은 일정하지 않아 예측할 수 없으니 재앙도 슬퍼할 게 못 되고 복도 기뻐할 게 없음.

변방에 사는 한 노인의 말이 집을 나가서 불행해지는 듯했으나, 다시 다른 말과 함께 들어와서 새끼까지 낳아 행운인 줄 알았다. 그러나 노인의 아들이 말타기를 하다 다리뼈가 부러졌는데, 전쟁에 나가지 않아 목숨을 부지할 수 있었다는 고사에서 유래함.

어부지리 漁父之利

고기 잡는 사람의 이익. 둘이 다투고 있는 동안 제삼자가 취하는 이익.

조개 한 마리가 껍질을 벌려 살을 내놓고 햇볕을 쬐고 있을 때, 도요새가 날아와 조개의 살을 쪼자 조개는 껍질을 닫아서 도요새의 부리를 물었다. 둘이 물고 물리어 서로 버티고 있을 무렵 어부가 나타나 모두 잡아 버렸다는 고사에서 유래함.

오십보백보 五十步百步

오십 걸음 백 걸음. 양적인 차이만 있을 뿐 질적인 차이는 없음.

전쟁에서 오십 걸음 도망간 병사가 백 걸음 도망간 병사를 비웃었다는 고사에서 유래함.

우공이산 愚公移山

우공이 산을 옮김. 어떤 일이라도 끊임없이 노력하면 반드시 이루어짐.

아흔을 넘긴 우공이라는 사람은 집 앞에 있는 두 큰 산 때문에 생활에 불편을 겪자, 가족과 함께 산을 먼 곳으로 옮기기로 작정했다. 동네에 지수라는 노인은 우공을 어리석다며 비웃었다. 이에 우공은 '자자손손 산을 옮기다 보면 언젠가는 작아진다'고 말하자, 지수는 할 말을 잊었고, 하늘은 우공의 끈질긴 정성에 감동되어 산을 옮겨 주었다는 고사에서 유래함.

⓪①④

조삼모사 朝三暮四

아침에 세 개 저녁에 네 개. 간사한 잔꾀로 남을 속임. 또는 눈앞의 이익에 어두워져 상황을 올바로 파악하지 못하는 어리석음.

송나라의 저공이라는 사람이 가세가 기울자 자신이 기르고 있는 원숭이에게 도토리를 아침에 세 개 저녁에 네 개를 주겠다고 하자 원숭이들이 화를 냈다. 이를 본 저공이 아침에 네 개 저녁에 세 개를 주겠다고 말을 바꾸니 원숭이들이 모두 기뻐했다고 하는 고사에서 유래함.

⓪①⑤

조장 助長

싹을 뽑아서 자라는 것을 도움. 순리대로 하지 않고 억지로 하다가 도리어 일을 망침.

송나라 사람 중에 벼싹이 자라지 못함을 안타깝게 여겨 벼싹을 손으로 뽑아 올린 뒤 집에 와서 자랑하던 사람이 있었는데, 잠시 후에 벼싹이 모두 바싹 말라 죽었다는 고사에서 유래함.

⓪①⑥

홍일점 紅一點

붉은 하나의 점. 많은 남자들 중에 낀 한 여자.

왕안석의 〈석류시〉 중에, '온통 푸른 잎 가운데 하나의 붉은 점, 사람을 움직이는 봄빛이 꼭 많을 필요는 없으리' 하는 시구에서 유래하였는데, 여기서 푸른 잎은 남성을 붉은 점은 여성을 상징함.

| 성어成語 (=숙어熟語) |

　　성어는 2자 이상의 한자가 합쳐져[成] 하나의 단어처럼 익숙하게[熟] 쓰이는 한자 어휘입니다. 山이나 江은 1자짜리 어휘이지만, 이 역시 한자 어휘(=한자어)입니다. 그러나 이런 한 글자짜리 한자 어휘를 제외하고 2자 이상이 합쳐져 하나의 단어로 쓰이는 것을 成語, 혹은 熟語라고 생각하면 됩니다.

　　성어는 긴 의미를 간략하게 압축하여 표현하는 데 유용하기 때문에, 일상의 언어 생활에서 자주 사용되고 있습니다. 또한 한문 문장의 형식을 갖추고 있는 것이 많아서, 한문 독해력 신장을 위한 학습에도 자주 이용됩니다.

　　여기에서는 이러한 成語의 성격과 기능을 이해하기 위해 속담류, 격언류(교훈이나 경계警戒가 되는 말), 비유의 성격이 강한 것들 중에서 중1 학생들이 알아 두어야 할 성어를 뽑아서 정리하였습니다. 특히 4자짜리를 많이 뽑았습니다. 이 외에도 알아야 할 성어가 많이 있지만, 여기서는 그 중에서도 꼭 필요하다고 여겨지는 성어만 우선 선별하였습니다.

※ 생각해 봅시다.

　　각자무치角者無齒란 성어가 있습니다. 한자 풀이를 하면 '뿔이[角] 있는 것(짐승)은[者] 이빨이[齒] 없다[無]' 입니다. 어떤 의미로 사용될까요? '한 사람이 모든 복이나 재주를 겸하지 못함'이란 의미입니다. 角과 齒는 코뿔소나 호랑이 등의 짐승들에게는 강력한 무기이듯이, 사람에게는 태어날 때부터 갖고 있는 재주를 상징합니다. 즉 사람은 저마다 나름대로의 재주가 있으므로 이를 잘 개발해야지, 막연히 다른 사람의 잘난 점과 비교하고 이를 부러워하면서 자기를 비하할 필요는 없다는 말입니다.

　　이후에 처음 접하는 成語가 생기더라도 角者無齒처럼 한자 풀이와 연상을 통해 이해할 수 있기 때문에 크게 염려하지 않아도 됩니다.

　　○ 속담류 – 등하불명燈下不明 등등.

　　○ 격언류 – 견리사의見利思義 등등.

　　○ 비유(겉뜻과 속뜻을 모두 알아야 하는 것) – 금상첨화錦上添花 등등.

⓪⓪①

견물생심 見物生心

| 見 보다 **견** | 物 사물 **물** | 生 살다, 낳다 **생** | 心 마음 **심** |

사람은 누구나 어떤 물건을 보면 갖고 싶은 욕심이 생김.

⓪⓪②

금상첨화 錦上添花

| 錦 비단, 아름답다 **금** | 上 위 **상** | 添 더하다 **첨** | 花 꽃 **화** |

좋고 아름다운 것에 또다시 아름다운 것이 더하여짐.

⓪⓪③

권선징악 勸善懲惡

| 勸 권하다 **권** | 善 착하다 **선** | 懲 혼내다 **징** | 惡 악하다 **악** |

착한 일을 권하고 악한 일을 징계함.

⓪⓪④

마이동풍 馬耳東風

| 馬 말 **마** | 耳 귀 **이** | 東 동쪽 **동** | 風 바람 **풍** |

남의 의견이나 비평을 전혀 귀담아듣지 않고 흘려 버림.

⓪⓪⑤

백년하청 百年河淸

| 百 백 **백** | 年 해 **년** | 河 강물 **하** | 淸 맑다 **청** |

아무리 기다려도 그 보람을 기대할 수 없음.

⓪⓪⑥

빙산일각 氷山一角

| 氷 얼음 **빙** | 山 산 **산** | 一 하나 **일** | 角 뿔, 모서리 **각** |

커다란 전체 중 드러난 작은 부분.

⓪⓪⑦

설상가상 雪上加霜

| 雪 눈 **설** | 上 위 **상** | 加 더하다 **가** | 霜 서리 **상** |

어려운 일이 연거푸 일어남.

⓪⓪⑧

약육강식 弱肉强食

| 弱 약하다 **약** | 肉 고기 **육** | 强 강하다 **강** | 食 먹다 **식** |

치열하고 냉혹한 생존 경쟁의 세계에서 강한 자만이 살아 남는 법칙.

⓪⓪⑨

우후죽순 雨後竹筍

| 雨 비 **우** | 後 뒤 **후** | 竹 대나무 **죽** | 筍 대나무 싹 **순** |

어떤 일이 한때에 많이 생겨남.

⓪①⓪

이열치열 以熱治熱

| 以 ~로써 **이** | 熱 뜨겁다 **열** | 治 다스리다 **치** | 熱 뜨겁다 **열** |

힘에는 힘으로 또는 강한 것에는 강한 것으로 상대함.

⑪

타산지석 他山之石

|他 남 타 | 山 산 산 | 之 ~의 지 | 石 돌 석 |

다른 사람의 하찮은 언행도 자기의 지식과 인격을 닦는 데에 도움이 됨.

⑫

거안사위 居安思危

|居 살다 거 | 安 편안하다 안 | 思 생각하다 사 | 危 위태롭다 위 |

편안하게 살고 있을 때일수록 위태로움을 생각해야 함.

⑬

견리사의 見利思義

|見 보다 견 | 利 이롭다 리 | 思 생각하다 사 | 義 옳다, 의견 의 |

눈앞의 이익을 보면 취하는 것이 옳은지를 먼저 생각해야 함.

⑭

결자해지 結者解之

|結 맺다, 묶다 결 | 者 사람 자 | 解 풀다 해 | 之 ~의, 그것 지 |

묶은 사람이 풀어야 하는 것처럼, 자기가 저지른 일은 자기가 해결해야 함.

※본래 속담 – 뿌린 놈이 거둔다. 동여맨 놈이 풀어라.

⑮

교학상장 教學相長

|教 가르치다 교 | 學 배우다 학 | 相 서로 상 | 長 길다, 자라다 장 |

직접 가르치는 일도 배우는 것과 함께 서로 학업을 신장시키는 중요한 방법임.

⑯

대기만성 大器晩成

|大 크다 대 | 器 그릇 기 | 晩 늦다 만 | 成 이루다 성 |

큰 그릇은 늦게 이루어짐. 즉 큰 인물이 될 사람은 오랜 시간의 꾸준한 노력으로 이루어짐.

⑰

등하불명 燈下不明

|燈 등불 등 | 下 아래 하 | 不 ~하지 않다 불 | 明 밝다 명 |

등잔 아래가 밝지 않음.

※본래 속담 – 등잔 밑이 어둡다.

⑱

사필귀정 事必歸正

|事 일 사 | 必 반드시 필 | 歸 돌아가다 귀 | 正 바르다 정 |

모든 일은 반드시 바른 데로 돌아감. 즉 좋은 일을 하면 나중에 반드시 복을 받고, 나쁜 짓을 하면 나중에 반드시 벌을 받음.

⑲

살신성인 殺身成仁

|殺 죽이다 살 | 身 몸 신 | 成 이루다 성 | 仁 어질다 인 |

자신을 희생하여 인을 이룸, 즉 남을 도움.

⓪②⓪

선공후사 先公後私

| 先 먼저 **선** | 公 여러 사람에 관계되는 일 **공** | 後 뒤 **후** | 私 개인 **사** |

여러 사람과 관련된 일을 먼저하고 개인의 일은 나중에 함.

⓪②①

소탐대실 小貪大失

| 小 작다 **소** | 貪 탐하다 **탐** | 大 크다 **대** | 失 잃다 **실** |

조그만 탐욕을 부리다가 도리어 큰 손실을 부름.

⓪②②

신상필벌 信賞必罰

| 信 믿다, 반드시 **신** | 賞 상 주다 **상** | 必 반드시 **필** | 罰 벌 주다 **벌** |

공이 있는 사람에게는 반드시 상을 주고, 죄가 있는 사람에게는 반드시 벌을 줌.

⓪②③

신토불이 身土不二

| 身 몸 **신** | 土 흙 **토** | 不 ~하지 않다, 아니다 **불** | 二 둘 **이** |

몸과 흙은 둘이 아님. 즉 자기 땅에서 난 곡물이 자기 몸에 가장 좋음.

⓪②④

십시일반 十匙一飯

| 十 열 **십** | 匙 숟가락 **시** | 一 하나 **일** | 飯 밥 **반** |

열 사람의 밥에서 한 숟가락씩 모으면 한 그릇의 밥이 됨. 즉 여러 사람이 조금씩 도우면 한 사람 구제하기는 쉬움.

⓪②⑤

아전인수 我田引水

| 我 나 **아** | 田 밭 **전** | 引 당기다 **인** | 水 물 **수** |

자신의 밭으로 물을 끌어 옴. 즉 자기에게 이롭게 말하거나 행동함.

※본래 속담 – 제 논에 물 대기

⓪②⑥

안분지족 安分知足

| 安 편안하다 **안** | 分 나누다, 신분 **분** | 知 알다 **지** | 足 발, 넉넉하다 **족** |

분수를 편안히 여겨 지키고 만족할 줄 앎.

⓪②⑦

안빈낙도 安貧樂道

| 安 편안하다 **안** | 貧 가난하다 **빈** | 樂 즐겁다 **락** | 道 길, 도리 **도** |

가난을 편하게 여기고, 도를 즐겁게 여김.

⓪②⑧

언행일치 言行一致

| 言 말씀 **언** | 行 다니다, 행하다 **행** | 一 하나 **일** | 致 (~에) 이르다 **치** |

말과 행동이 일치함.

⓪②⑨

역지사지 易地思之

|易 바꾸다 **역**|地 땅, 처지 **지**|思 생각하다 **사**|之 ~의, 그것 **지**|

상대와 처지를 바꾸어 놓고 그쪽도 생각함.

⑩㉚

오비이락 烏飛梨落

|烏 까마귀 **오**|飛 날다 **비**|梨 배나무 **리**|落 떨어지다 **락**|

까마귀가 날자 배가 떨어짐. 즉 우연한 일치로 남에게 오해를 받음

※ 본래 속담–까마귀 날자 배 떨어진다

⑩㉛

온고지신 溫故知新

|溫 따뜻하다, 익히다 **온**|故 옛 **고**|知 알다 **지**|新 새롭다 **신**|

옛 것을 익혀서 그것을 미루어 새로운 것을 앎.

⑩㉜

외유내강 外柔內剛

|外 바깥 **외**|柔 부드럽다 **유**|內 안 **내**|剛 굳세다 **강**|

겉으로는 부드럽고 순하나, 속은 곧고 꿋꿋함.

⑩㉝

우이독경 牛耳讀經

|牛 소 **우**|耳 귀 **이**|讀 읽다 **독**|經 날실, 경전 **경**|

소의 귀에 대고 경전을 읽음. 즉 어리석은 사람에게 아무리 좋은 말을 해 주어도 이해하지 못함.

※ 본래 속담 – 쇠귀에 경 읽기

⑩㉞

유비무환 有備無患

|有 있다 **유**|備 갖추다 **비**|無 없다 **무**|患 근심 **환**|

미리 준비가 있으면 후환이 없음.

⑩㉟

인과응보 因果應報

|因 원인 **인**|果 열매, 결과 **과**|應 응하다 **응**|報 갚다 **보**|

어떤 원인에 대한 결과는 마땅히 그에 상응하는 보답을 받게 됨.

⑩㊱

인자무적 仁者無敵

|仁 어질다 **인**|者 사람 **자**|無 없다 **무**|敵 싸울 상대 **적**|

어진 사람에게는 적이 없음.

⑩㊲

작심삼일 作心三日

|作 만들다 **작**|心 마음 **심**|三 셋 **삼**|日 날 **일**|

마음 먹은 것이 삼 일 감. 한번 결심한 것이 오래 가지 못함.

⑩㊳

초지일관 初志一貫

|初 처음 **초**|志 뜻 **지**|一 하나 **일**|貫 꿰다 **관**|

처음의 뜻을 계속 하나로 꿰, 즉 끝까지 밀고
나감.

ⓞ③⑨

교육 국가백년지대계야 敎育國家百年之大計也

| 敎 가르치다 **교** | 育 기르다 **육** | 國 나라 **국** | 家 집 **가** | 百 백 **백** | 年 해 **년** | 之 ~의 **지** | 大 크다 **대** | 計 (수를) 세다, 꾀하다 **계** | 也 ~이다 **야** |

교육은 국가에서 백 년이라는 오랜 시간을 두고 세워야 할 큰 계획임.

ⓞ④ⓞ

농자 천하지대본 農者天下之大本

| 農 농사 **농** | 者 사람, ~것 **자** | 天 하늘 **천** | 下 아래 **하** | 之 ~의 **지** | 大 크다 **대** | 本 근본 **본** |

농사라는 것은 천하의 큰 근본임.

ⓞ④①

백문불여일견 百聞不如一見

| 百 백 **백** | 聞 듣다 **문** | 不 ~하지 않다 **불** | 如 같다 **여** | 一 하나 **일** | 見 보다 **견** |

백 번 듣는 것이 한 번 보는 것만 같지 못함. 즉 무엇이든지 직접 경험을 해야 확실히 알 수 있음.

※A 不如 B : A는 B같지 못하다. A가 더 낫다.

ⓞ④②

지피지기 백전불태 知彼知己 百戰不殆

| 知 알다 **지** | 彼 저 **피** | 知 알다 **지** | 己 자기

기 | 百 백 **백** | 戰 싸우다 **전** | 不 ~하지 않다 **불** | 殆 위태롭다 **태** |

적을 알고 자기를 알면 백 번 싸워도 위태롭지 않음. 즉 상대를 알고 자기를 알면 모든 싸움에서 이길 수 있음.

ⓞ④③

진인사대천명 盡人事待天命

| 盡 다하다 **진** | 人 사람 **인** | 事 일 **사** | 待 기다리다 **대** | 天 하늘 **천** | 命 목숨, 하늘의 뜻 **명** |

인간으로 할 수 있는 일에 최선을 다하고, 그 후에는 하늘의 명을 기다림.

한문 해석을 잘 하기 위해서 다음 사항을 미리 알아 둡시다.

1. 한문은 의미의 흐름에 따라 문장을 적절히 끊어 읽을 수 있어야 합니다. 흔히 4자짜리 한문은 주로 2자씩 끊어 읽지만 다음에 나오는 문장들은 4자보다 더 긴 문장들입니다.

   예를 들어 〈孝於親子亦孝之 身旣不孝子何孝焉〉는 〈孝於親/子亦孝之 身旣不孝/子何孝焉〉으로 끊고, 〈孝於親이면 子亦孝之하나니 身旣不孝면 子何孝焉이리오〉라 읽어야 합니다. '~이면, ~하나니, ~면, ~이리오' 라는 부분은 '토' 라고 합니다. 이렇게 끊어 읽는 사이에 우리말 토를 넣는 이유는 딱딱한 문장을 자연스럽게 읽을 수 있으며, 암송이 쉬워지기 때문입니다. 이 문장의 해석은 〈내가 부모에게 효도하면 내 자식이 또한 나에게 효도하나니, 내가 이미 부모에게 효도하지 않는다면 내 자식이 어찌 나에게 효도하리오(하겠는가)?〉입니다.

2. 같은 한자라도 문장 속에서 다르게 해석되는 경우가 많습니다.

   가) 玉不琢이면 不成器하고 **人**不學이면 不知道니라.(옥은 쪼지 않으면 그릇을 이루지 못하고, **사람**은 배우지 않으면 도를 알지 못하느니라.)

   나) 聞**人**之過失이어든 如聞父母之名하여 耳可得聞이언정 口不可言也니라.(**남**의 과실을 듣거든 부모의 이름을 들은 것처럼 하여 귀로는 들을지언정 입으로는 말하지 말지니라.)

가)에서 人은 '사람' 으로 해석해야 하고, 나)에서 人은 '남, 다른 사람' 이라 해석해야 합니다. 이처럼 한자 하나가 갖고 있는 여러 뜻을 익히기 위해서는 낱낱의 한자 뜻을 먼저 암기하기보다는 위와 같은 다양한 한문 문장을 자주 접하면서 차츰차츰 알아 가야 합니다. 앞서 교과서 한자 어휘를 전과목에 걸쳐 학습했는데, 교과서 한자 어휘를 통해 한자의 여러 뜻(다의성多義性)을 익히는 것도 좋은 방법입니다.

3. 해석에 따라 한자의 소리가 바뀌는 경우도 있습니다. '衆이 好之라도 必察焉하며 衆이 惡之라도 必察焉이니라' 에서 '惡' 은 흔히 '나쁘다, 악하다 악' 이라고 외우고 해석하지만, 이 문장에서는 '미워하다' 라고 해석해야 하기 때문에 '오' 라고 읽어야 합니다. 이런 경우는 흔하지 않기 때문에, 따로 모아서 외울 필요는 없고 이 역시 한문 문장을 접하는 가운데 그때그때 알아 가면 됩니다.

그러면 이제부터는 중학교 한문 교과서에 나오는 여러 문장들을 익혀 보도록 하겠습니다.

과 이 불 개　시 위 과 의
過而不改를 是謂過矣니라 〈논어論語〉

잘못하고도 고치지 않는 것, 이것을 '잘못' 이라고 말한다.

불 환 인 지 불 기 지　환 부 지 인 야
不患人之不己知요 患不知人也니라 〈논어論語〉

남이 자신을 알아주지 못함을 근심하지 말고, (내가) 남을 알지 못함을 근심하라.
　*之 ~의, ~이 지

성 상 근 야　습 상 원 야
性相近也나 習相遠也니라 〈논어論語〉

타고난 성품은 서로 비슷하나, 습관이 서로 멀어지게(=차이가 나게) 한다.
　*習 익히다, 버릇 습

인 무 원 려　필 유 근 우
人無遠慮면 必有近憂니라 〈논어論語〉

사람이 멀리 내다보는 생각이 없으면, 반드시 가까운 근심이 있다(=생긴다).

일 신　일 일 신　우 일 신
日新이어든 日日新하고 又日新하라 〈대학大學〉

날로 새로워지거든, 날마다 새롭게 하고, 또 날로 새롭게 하라.

   *日日 : 날마다

006

정 신 일 도　　하 사 불 성
精神一到면 何事不成이리오 〈주자어록朱子語錄〉

정신이 한곳에 이르게 되면, 무슨 일이든 이루지 못하겠는가?

   *何 어찌, 무슨 하

007

유 음 덕 자　　필 유 양 보
有陰德者는 必有陽報니라 〈회남자淮南子〉

남 몰래 덕이(=착한 일을) 있는(=행하는) 사람은 반드시 바깥에서 보답을 받게(=세상이 다 알게)
된다.

   *陰 그늘, 몰래 음 │ 陽 햇볕, 바깥 양

008

파 산 중 적　　이　파 심 중 적　　난
破山中賊은 易나 破心中賊은 難이라 〈왕문성공전서王文成公全書〉

산속의 도적은 깨뜨리기 쉬우나, 마음속의 도적은 깨뜨리기 어렵다.

   *易 바꾸다역／쉽다이

009

공 자　　난 성 이 이 패　　시 자　　난 득 이 이 실
功者는 難成而易敗요 時者는 難得而易失이니라 〈사기史記〉

공이라는 것은 이루기는 어려워도 그러나 무너지기 쉽고, 때(=기회)는 얻기는 어려워도 그러나 잃기는 쉬우니라.

⓪①⓪

무 도 인 지 단　　　무 설 기 지 장
無道人之短하고 無說己之長하라 〈문선文選〉

남의 단점을 말하지 말고, 자신의 장점을 말하지 말라.

  *道 길, 말하다 도

⓪①①

선 행 기 언　　　이 후 종 지
先行其言하고 而後從之하라 〈논어論語〉

먼저 그 말을 행하고, 그리고 후에 그것을(그 말을) 따르라.

⓪①②

지 지 위 지 지　　　부 지 위 부 지　　시 지 야
知之爲知之하고 不知爲不知가 是知也니라 〈논어論語〉

아는 것은 안다 하고 모르는 것은 모른다고 하는 것, 이것이 '안다' 는 것이다.

  *之 ~의 지 : 여기서는 '별 뜻없음'

⓪①③

지 지 자　　　불 여 호 지 자　　　호 지 자　　　불 여 락 지 자
知之者는 不如好之者요 好之者는 不如樂之者라 〈논어論語〉

아는 것은 좋아하는 것만 같지 못하고, 좋아하는 것은 즐기는 것만 같지 못하다.

  *之 ~의 지 : 여기서는 '어떤 것을' 로 풀이해도 되고 '별 뜻없음' 으로 해도 됨 │ 不如 : ~만 (같지) 못하다

014

학 연 후   지 부 족   교 연 후   지 곤
學然後에 知不足이요 敎然後에 知困이라 〈예기禮記〉

배운 다음에야 (자신이) 부족함을 알게 되고, 가르친 다음에야 어려워지는(=지식이 부족한) 것을
알게 된다.

 *然後 : 그러한 후에

015

득 토 지   이   득 인 심   난
得土地는 易하고 得人心은 難이니라 〈송사宋史〉

땅을 얻기는 쉽고, 사람의 마음을 얻기는 어렵다.

016

여 인 동 처   불 가 자 택 편 리
與人同處에 不可自擇便利라 〈소학小學〉

다른 사람과 더불어 장소(=자리)를 같이할 때는 자신의 편리함만을 택하려고 해서는 안 된다.

 *不可 ~할 수 없다, ~해서는 안된다 │ 自 스스로, 자기 자

017

욕 지 기 인   선 시 기 우
欲知其人이면 先視其友하라 〈이담속찬耳談續纂〉
그 사람을 알고자 한다면, 먼저 그 친구를 보아라.

018

형 제   비 지 목 즉 동 근 야   형 제 지 정   우 애 이 이
兄弟는 比之木則同根也니 兄弟之情은 友愛而已니라 〈학어집學語集〉

형제는 그것을 나무에 견준다면 뿌리를 같이한다고 할 수 있으니, 형제간의 정은 우애일 뿐이다.

*而已 ~일 뿐이다

◎⑪⑨

신 체 발 부　　수 지 부 모　　불 감 훼 상　　효 지 시 야
身體髮膚는 受之父母니 不敢毀傷이 孝之始也라 〈효경孝經〉

신체와 머리털과 살은 그것을 부모님에게서 받았으니, 감히 헐고 상처 내지 않는 것이 효도의 시
　　작이다.

◎②◎

부 부　　이 성 지 합　　　생 민 지 시　　만 복 지 원
夫婦는 二姓之合이니 生民之始며 萬福之源이라 〈동몽선습童蒙先習〉

부부란 두 성의 합이니 백성을 낳는 시작이요, 모든 복의 근원이다.

중 Ⅲ급

한자·한문 인증 시험 문제 예시

한자·한문 인증 시험 문제 − 중 Ⅲ급 문항 영역 분류

영역		평가 요소	문제 수	번호
한자·한문의 상식		한자·한문과 관련되어 알아야 할 내용	3	1~3
한 자 어 휘	교과서·전통 문화 한자 어휘	쓰기	15	4~18
		독음		
		뜻		
	고사성어 · 성어	쓰기	10	19~28
		독음		
		겉뜻·속뜻		
		언어 생활 활용		
한문		독음	22	29~50
		해석과 의미		
합 계				50

1. 漢字에 대한 다음 설명 중 바른 것은?

① 표음문자(表音文字)이다.
② 形·音·義의 3요소를 반드시 갖춘다.
③ 글자 수에는 변함이 없다.
④ 중국과 우리나라에서만 사용한다.

2. 다음 현상을 설명할 수 있는 이유로 가장 적절한 것은?

> 사업차 일본을 방문한 K씨는 일본어를 한 마디로 할 줄 몰라 불안했다고 한다. 그런데 漢字로 써서 보여주니 신기하게도 의사 소통이 되더라는 것이다.

① 漢字文化圈　　② 漢字의 三要素
③ 表音文字　　　④ 六書

3. 밑줄 친 부분을 가리키는 말로 적절한 것은?

> 내 친구인 이병주 씨는 **전주** 이씨이다

① 姓名　　② 本貫　　③ 字　　④ 號

※밑줄 친 漢字語의 讀音으로 올바른 것을 고르시오.(4~8)

4. 아버지 쪽에서 갈라져 나온 혈통에 대한 세대 순서를 <u>行列</u>이라 한다.

① 행렬　　② 행례　　③ 항렬　　④ 항례

5. **禪宗**은 참선에 의하여 마음으로 진리를 깨우치려는 불교의 한 종파이다.

① 단종　　② 교종　　③ 선종　　④ 고종

6. **差集合**은 기호로 $A \cap B^c$와 같이 나타낼 수 있다.

① 교집합　　　　② 차집합
③ 합집합　　　　④ 여집합

7. **橫膈膜**은 일명 가로막으로 불리며 흉강과 복강을 나누는 근육성의 막이다.

① 황격막　　　　② 황경막
③ 횡경막　　　　④ 횡격막

8. **參與詩**는 부당한 권력에 저항하거나 사회적 부조리를 비판, 고발하는 내용을 담고 있다.

① 정형시　　　　② 순수시
③ 참여시　　　　④ 회화시

※밑줄 친 漢字語를 漢字로 바꿀 때 가장 올바른 것을 고르시오.(9~12)

9. **인력**이란 두 개의 물체가 서로 끌어당기는 힘이다.

① 人力　　② 因力　　③ 引力　　④ 合力

10. 어떤 개념의 내용이나 용어의 뜻을 다른 것과 구별할 수 있도록 명확히 한정하는 것을 **정의**한다고 한다.

① 定義　② 正義　③ 情義　④ 精義

11. 신라에는 귀족·관리들의 경제적 생활을 마련하기 위한 **녹읍**이라는 제도가 있었다.

① 錄邑　② 綠邑　③ 緣邑　④ 祿邑

12. **소장**은 작은창자이고, 대장은 큰창자이다.

① 小腸　② 少腸　③ 小場　④ 少場

※다음에 제시하는 漢字語에서 밑줄 친 字의 뜻으로 올바른 것을 고르시오.(13～16)

13. 孟**子** : 중국 전국시대의 사상가.

① 아들
② 첫째 지지
③ 딸
④ 학문·도덕이 높은 이에 대한 경칭

14. **方**言 : 표준어와 다른 어떤 지역이나 지방에서만 쓰는 특이한 언어.

① 표준어　　② 다르다
③ 지역　　　④ 특이하다

15. 生**長**點 : 식물의 줄기와 뿌리 끝에 있으며, 세포 분열이 일어나 새로운 세포가 만들어지는 곳.

① 자라다　② 크다　③ 새롭다　④ 끝

16. **往**五天竺國傳 : 통일신라의 승려 혜초가 인도의 다섯 나라와 근처의 여러 나라에 가서 보고들은 각 나라의 정세·생활·풍속 등을 실은 책.

① 살다　　　　② 가다
③ 아름답다　　④ 보다

※다음의 ○ 안에 공통적으로 어울리는 漢字를 고르시오.(17～18)

17.

·牛角○ : 소뿔 모양의 호수.
·火口○ : 화산 분화구에 물이 고여 형성된 호수.
·潟○ : 만이 바다에서 분리되면서 생긴 호수.

① 湖　　② 海　　③ 洲　　④ 港

18.

·○速度運動 : 속도가 항상 일정한 값을 갖는 운동.
·○溫線 : 지도상에서 온도가 같은 지점을 연결한 선.
·○號 : 같음을 나타내는 기호.

① 管　　② 筆　　③ 節　　④ 等

19. 다음 사항과 관련 있는 故事成語는?

·한신.
·죽을 땅에 빠뜨려 두어야 사는 길이 있다.

① 登龍門　　　② 背水陣
③ 紅一點　　　④ 一當百

20. 漁父之利에서 漁父의 속뜻으로 적당한 것은?

① 제삼자　　　② 당사자
③ 피해자　　　④ 지지자

21. 다음 사항과 관련 있는 故事成語는?

> · 초나라와 한나라.
> · 항우와 한신.
> · 누구의 도움도 받을 수 없는 상황.

① 背水陣　　　② 杞憂
③ 因果應報　　④ 四面楚歌

22. 錦上添花는 '좋은 일이 겹쳐 일어날 경우'에 사용한다. 錦上添花의 漢字 중에 '좋은 일'을 뜻하는 漢字는?

① 錦, 上　　　② 上, 添
③ 添, 花　　　④ 錦, 花

23. 他山之石은 '다른 사람의 하찮은 언행도 자기의 지식과 인격을 닦는 데 도움이 된다'는 뜻으로 사용되는 成語이다. 他山之石에서 '하찮은 언행'을 뜻하는 漢字는?

① 他　　② 山　　③ 之　　④ 石

24. 燈下不明을 해석하려고 한다. 가장 마지막에 풀이해야 하는 漢字는?

① 燈　　② 下　　③ 不　　④ 明

25. 孟母三遷之敎를 통해 얻을 수 있는 교훈은?

① 교육에서 환경의 중요성
② 웃어른에 대한 공손함
③ 학문에 힘쓰는 태도
④ 불의에 맞서는 용기

※다음 □ 안에 들어갈 알맞은 成語를 고르시오. (26~28)

26. 환경 보호를 부르짖으며 일회용품을 사용하는 것은 □□이다.

① 白眉　　② 助長　　③ 矛盾　　④ 杞憂

27. 동물의 세계는 약한 것이 강한 것에게 먹히는 전형적인 □□□□의 세계이다.

① 外柔內剛　　　② 弱肉强食
③ 有備無患　　　④ 作心三日

28. □□□□은(는) 조선시대 소설의 공통적인 특징으로, 올바르고 선량한 인물이 온갖 시련과 난관에 봉착하지만 결국 행복에 도달한다는 식의 구조를 이르는 말이다.

① 勸善懲惡　　　② 大器晩成
③ 身土不二　　　④ 小貪大失

29. 문장의 흐름을 파악해 볼 때 □ 안에 들어갈 알맞은 토는?

> 大富□ 由天하고 小富□ 由勤이니라

① ~(하)니　　　② ~(은)는
③ ~(하)면　　　④ ~(하)나

30. '人'이 '다른 사람, 남'의 뜻으로 쓰인 문장은?

① 爲人子者 曷不爲孝
② 我敬人親 人敬我親
③ 人之在世 不可無友
④ 友其正人 我亦自正

※다음 글을 읽고 물음에 답하시오.(31~
　35)

> (가) 人無遠慮 必有近憂
>
> (나) 有陰德者 必有陽報
>
> (다) 先行其言 而後從之
>
> (라) 無㉠道人之短 無說己之長

31. '미래를 내다보는 안목의 중요성'을 담
고 있는 문장은?

　① (가)　　② (나)　　③ (다)　　④ (라)

32. '~하지 말라'는 형식으로 금지의 뜻
을 나타내는 문장은?

　① (가)　　② (나)　　③ (다)　　④ (라)

33. 다음은 신문 기사 중 일부이다. 기사
내용과 가장 관련 깊은 문장은?

> 김순례 할머니는 노점상을 하면서 푼푼이
> 모은 돈을 이름도 밝히지 않은 채 이십 년
> 간 소년·소녀 가장 돕기에 보내 온 것으로
> 밝혀져 듣는 이의 가슴을 훈훈하게 했다.

　① (가)　　② (나)　　③ (다)　　④ (라)

34. 밑줄 친 ㉠道의 풀이로 가장 적당한 것
은?

　① 길　　　　　　　② 도리

③ 말하다　　　　④ 행정구역

35. (가)~(나)에 나오는 漢字 중에 반대 뜻
끼리 묶어 놓지 **않은** 것은?

　① (가) 遠-近　　　② (나) 陰-陽
　③ (다) 行-後　　　④ (라) 短-長

36. 다음 문장을 두 번 끊어(/) 읽으려고
한다. 두 번째 끊어 읽을 위치로 바른 것
은?

> 日新日日新又日新

① 日新/日日新又日新
② 日新日/日新又日新
③ 日新日日新/又日新
④ 日新日日新又日/新

※다음 글을 보고 물음에 답하시오. (37
　~38)

> 知之者는 不如好之者요
> 好之者는 不如樂之者라

37. 위 문장은 비교하는 형식이다. 비교 결
과를 가장 잘 표현한 것은?

① 知之者＝好之者＝樂之者
② 知之者＞好之者＞樂之者
③ 知之者＜好之者＜樂之者
④ 知之者≧好之者≧樂之者

38. 밑줄 친 樂의 음으로 옳은 것은?

　① 악　　② 락　　③ 낙　　④ 요

39. 得과 반대되는 뜻으로 □ 안에 들어갈 알맞은 漢字는?

時者는 難得而易□이니라

① 失　② 夫　③ 矢　④ 夭

※글의 흐름상 □ 안에 어울리는 漢字語를 고르시오.(40~42)

40. □□는 比之木則同根也니 □□之情은 友愛而已니라.

① 父母　② 夫婦　③ 兄弟　④ 朋友

41. 身體髮膚는 受之□□니 不敢毁傷이 孝之始也라.

① 父母　② 子女　③ 夫婦　④ 兄弟

42. □□之倫 二姓之合 內外有別 相敬如賓

① 父母　② 夫婦　③ 子女　④ 祖上

※다음 글을 보고 물음에 답하시오.(43~47)

(가) 精神一到何事不成
(나) 學然後知不足 敎然後知困
(다) 與人同處 不可自擇便利
(라) 過而不改 是謂過矣

43. 곤란과 좌절에 처해 있는 사람에게 힘을 북돋워 주기에 알맞은 문장은?

① (가)　② (나)　③ (다)　④ (라)

44. 진정한 잘못에 대해 말한 문장은?

① (가)　② (나)　③ (다)　④ (라)

45. 밑줄 친 不의 음이 나머지와 다른 하나는?

① (가)　② (나)　③ (다)　④ (라)

46. (다)의 밑줄 친 與의 풀이로 가장 적당한 것은?

① 주다　　　② ~(와)과
③ 참여하다　④ 편들다

47. (가)~(라)에 나오는 漢字 중 讀音이 **틀린** 것은?

① 到-도　② 困-곤　③ 便-변　④ 改-개

※밑줄 친 漢字의 풀이로 적당한 것을 고르시오.(48~49)

48. 得土地는 **易**하고 得人心은 難이니라.

① 쉽다　　　② 바꾸다
③ 필요하다　④ 어렵다

49. 知之**爲**知之하고 不知**爲**不知가 是知也니라.

① 위하다　② 삼다
③ 되다　　④ 하다

50. 다음 중 밑줄 친 부분에 대한 예로 적절하지 **못한** 것은?

破**心中賊**은 難이라

① 욕심　　② 이기심
③ 가난　　④ 미움

1. 다음은 〈옥편〉의 일부이다. 다음에서 얻을 수 있는 정보로 **잘못된** 것은?

> 【北】 ❶북녘 북 ❷달아날 배:
> ヒ부 3획 「 · きた 北
> ⊕pei³, po⁴ ⊛north ⊕ホク
> 六書 지사 문자.
> 筆順 丨 ㅓ ㅓ 北 北

① 음이 한 개이다.
② 뜻이 두 개이다.
③ 부수를 알 수 있다.
④ 필순을 알 수 있다.

※다음 漢字를 보고 물음에 답하시오. (2~3)

> 一 二 三 上 中 下
> 일 이 삼 상 중 하

2. 위 漢字들의 공통된 짜임은?

① 상형　　　　② 지사
③ 회의　　　　④ 형성

3. 漢字의 3요소(形 · 音 · 義) 중 위에 드러난 것은?

① 형　　　　② 형 · 음
③ 음 · 의　　　　④ 형 · 음 · 의

※밑줄 친 漢字語의 讀音으로 올바른 것을 고르시오. (4~8)

4. **毛細血管**은 온몸에 그물처럼 퍼져 있는 동맥과 정맥을 이어 준다.

① 수세혈관　　　　② 모세혈관
③ 수전혈관　　　　④ 모전혈관

5. 개별적인 여러 사물이나 구체적 개념들로부터 공통적인 모양을 뽑아 일반적인 개념으로 만드는 것을 **抽象**이라 한다.

① 유상　② 주상　③ 추상　④ 구상

6. 시에서 화자의 정서를 다른 사물을 통해 대신 전달하는 방법을 **感情移入**이라 한다.

① 감정수입　　　　② 감정유입
③ 감정대입　　　　④ 감정이입

7. 항에서 문자를 제외한 나머지 부분을 **係數**라 한다.

① 계수　② 인수　③ 차수　④ 약수

8. **灌漑**란 농산물 관리를 위해 조직적으로 경지에 물을 공급하는 것을 말한다.

① 관계　② 관개　③ 환계　④ 환개

※밑줄 친 漢字語를 漢字로 바꿀 때 가장 올바른 것을 고르시오.(9~11)

9. **유물**이란 과거 사람들의 행동 결과로 남아 있는 물건이다.

① 有物　② 流物　③ 遺物　④ 留物

10. 사람이나 처소나 사물의 이름을 대신하여 나타내는 말을 **대명사**라 한다.

① 大名詞　　② 大各詞
③ 代名詞　　④ 代各詞

11. **부동항**이란 1년 내내 해면이 동결하지 않는 항만이다.

① 不東港　　② 不凍港
③ 不動港　　④ 不童港

※ 다음에 제시하는 漢字語에서 밑줄 친 字의 뜻으로 올바른 것을 고르시오.(12~15)

12. 顯**微**鏡 : 아주 작은 물체를 확대하여 보는 장치.

① 가늘다　　② 작다
③ 확대하다　　④ 보다

13. **西**遊見聞 : 유길준이 쓴 신진 개화 사상을 강조한 국한문 혼용체의 수필.

① 서쪽　② 서양　③ 숫자-4　④ 닭

14. **呼**吸 : 생명 현상을 유지하기 위하여 숨을 내쉬고 들이쉬는 작용.

① 생명　　② 유지하다
③ 내쉬다　　④ 작용하다

15. 高**冷**地農業 : 평지보다 높아 여름에는 서늘한 산간 지역에서 행해지는 농업.

① 높다　② 여름　③ 차다　④ 지역

※다음의 ○ 안에 공통적으로 어울리는 漢字를 고르시오.(16~17)

16.

> ·○源 : 지구 내부에서 지진이 발생하는 지점.
> ·地○ : 지각 내부의 급격한 변화로 지면이 진동하는 현상.
> ·○央 : 지진의 피해가 가장 큰 지역.

① 雪　　② 雷　　③ 電　　④ 震

17.

> ·○丘 : 바람에 의해 생긴 모래 언덕.
> ·○巖 : 모래가 뭉쳐져 만들어진 돌.

① 砂　　② 破　　③ 研　　④ 硯

18. 밑줄 친 부분의 공통점은?

> **甲午**改革, **乙巳**條約, **丙寅**洋擾

① 연도　② 날짜　③ 시간　④ 기후

19. 百聞不如一見에서 얻을 수 있는 교훈은?

① 직접 경험의 중요성
② 언행의 신중함
③ 단정한 몸가짐
④ 더불어 사는 지혜

20. 成語와 讀音의 연결이 바른 것은?

① 百年河淸 - 백년가청
② 氷山一角 - 영산일각
③ 大器晩成 - 대기만성
④ 百戰不殆 - 백전부태

21. 다음 이야기와 가장 관련이 깊은 故事成語는?

한신이 조(趙)나라를 칠 때, 병사들로 하여금 강물을 등지는 진을 치게 하였는데, 이는 병법과 반대되는 내용이었지만 결국 승리하였다. 한신의 부하 장수들이 이를 의아해 하자, "병법에 '죽을 땅에 빠뜨려 두어야 사는 길이 있다' 한 내용을 응용한 것이다" 라고 한신이 말했다.

① 結草報恩　　　② 杞憂
③ 登龍門　　　　④ 背水陣

22. '옛것을 익혀서 새로운 것을 안다' 라는 뜻의 '온고지신'을 漢字로 바꿔 쓸 때 **잘못된** 것은?

① 온 → 溫　　　② 고 → 故
③ 지 → 之　　　④ 신 → 親

23. 보험 회사의 광고용 成語로 가장 적합한 것은?

① 見利思義　　　② 居安思危
③ 仁者無敵　　　④ 事必歸正

※다음 □ 안에 가장 적절한 成語는?(24~25)

24. '어사 출두' 부분은 춘향전의 □□이다.

① 助長　② 白眉　③ 蛇足　④ 杞憂

25. 건강에 대한 관심 급증으로 동네마다 헬스클럽이 □□□□처럼 생겨나고 있다.

① 雨後竹筍　　　② 初志一貫

③ 作心三日　　　④ 弱肉强食

26. 다음 속담과 관련 **없는** 成語는?

· 뿌린 놈이 거둔다.
· 등잔 밑이 어둡다.
· 쇠귀에 경 읽기.

① 牛耳讀經　　　② 燈下不明
③ 結者解之　　　④ 敎學相長

27. 밑줄 친 心의 의미는?

見物生心

① 욕심　　　　② 허영심
③ 이기심　　　④ 자존심

28. 孟母三遷之敎에 대한 설명 중 **잘못된** 것은?

① '맹모삼천지교' 라고 읽는다.
② '맹자의 어머니' 와 관련이 있다.
③ 三遷의 순서는 공동묘지, 서당, 시장이다.
④ 교육의 중요성과 관련 있다.

29. 다음 문장의 주제를 문장 중에서 찾으면?

知足者 貧賤亦樂 不知足者 富貴亦憂

① 知足　② 貧賤　③ 樂　④ 富貴

30. '玉不琢不成器 人不學不知道' 를 아래와 같이 정리할 때 □ 안에 알맞은 漢字는?

대상	방법	결과
玉	琢	器
人	□	道

① 不　　② 成　　③ 學　　④ 知

※다음 문장을 보고 물음에 답하시오.
　(31~34)

> (가) 人**無**遠慮 必有近憂
> (나) **無**㉠**道**人之㉡**短** **無**說己之長
> (다) 君子有勇㉢**而無**禮爲亂
> (라) 人㉣**至**察則**無**徒

31. (가)~(라)의 밑줄 친 '無' 쓰임이 나머지와 다른 하나는?

① (가)　　② (나)　　③ (다)　　④ (라)

32. '지극히 철두철미하거나 완벽을 추구하는 사람' 에 대한 충고로 가장 적절한 문장은?

① (가)　　② (나)　　③ (다)　　④ (라)

33. '말조심' 에 대한 내용을 담고 있는 문장은?

① (가)　　② (나)　　③ (다)　　④ (라)

34. 밑줄 친 ㉠~㉣의 해석 중 맞는 것은?

① ㉠道 – 도리　　② ㉡短 – 짧다
③ ㉢而 – 그러나　　④ ㉣至 – 이르다

35. '欲知其人 先視其友' 를 해석할 때 가장 마지막에 풀이해야 할 漢字는?

① 欲　　② 先　　③ 視　　④ 友

※다음 문장을 보고 물음에 답하시오.(36
　~39)

> (가) 學然後知不足 敎然後知困
> (나) 敎育百年之大計也
> (다) 精神一到 何事不成
> (라) 時者難得而易失

36. 敎學相長과 서로 통하는 문장은?

① (가)　　② (나)　　③ (다)　　④ (라)

37. '돌도 십 년을 보고 있으면 구멍이 뚫린다' 와 같이 사용할 수 있는 문장은?

① (가)　　② (나)　　③ (다)　　④ (라)

38. □ 안의 내용과 어울리는 문장은?

> ·농사 짓기 – 1년 계획
> ·나무 심기 – 10년 계획

① (가)　　② (나)　　③ (다)　　④ (라)

39. '~하리오' '~하겠는가' 하는 형식으로 풀이하는 문장은?

① (가)　　② (나)　　③ (다)　　④ (라)

40. 밑줄 친 부분의 풀이로 가장 알맞은 것은?

> 有**陰德**者 必有陽報

① 조상이 쌓은 덕행

② 꾸준히 행한 덕행

③ 남 몰래 행한 덕행

④ 자기 희생적인 덕행

41. 다음 문장은 兄弟를 □에 비유하고 있다. 내용의 흐름상 □ 안에 어울리는 漢字는?

兄弟 比之□則同根

① 火　　② 水　　③ 木　　④ 土

※다음 문장을 보고 물음에 답하시오. (42~44)

(가) ㉠不可自擇便利

(나) 知之者㉡不如好之者

(다) 學然後知㉢不足

(라) ㉣不敢毁傷孝之始也

42. 문맥상 與人同處와 이어지는 문장은?

① (가)　　② (나)　　③ (다)　　④ (라)

43. 밑줄 친 ㉠~㉣ 중 '~만 못하다' 라고 풀이하는 漢字語는?

① 不可　② 不如　③ 不足　④ 不敢

44. 밑줄 친 ㉠~㉣ 중 '不'의 음이 나머지와 다른 하나는?

① 不可　② 不如　③ 不足　④ 不敢

※다음 문장을 보고 물음에 답하시오.(45~47)

(가) **性相近也** 習相遠也

(나) **破山中賊易** 破心中賊難

(다) 父不言子㉠之德 **子不談父之過**

(라) 先行其言 **而後從之**

45. '부모와 자식 사이의 도리'에 대해 설명하고 있는 문장은?

① (가)　　② (나)　　③ (다)　　④ (라)

46. (가)~(라)에서 밑줄 친 부분의 讀音으로 옳은 것은?

① (가)생상근야

② (나)피산중적이

③ (다)자부담부지고

④ (라)이후종지

47. (다) ㉠之의 풀이로 가장 알맞은 것은?

① ~의　　　　　② ~하는

③ 그것　　　　　④ 가다

※다음 문장의 밑줄 친 漢字의 풀이로 알맞은 것을 고르시오.(48~50)

48. 不患**人**之不己知 患不知**人**也

① 사람　② 인류　③ 나　④ 남

49. 知之爲知之 不知爲不知 **是**知也

① 이것　　　　　② 옳다

③ 발　　　　　　④ 만족하다

50. 身體**髮**膚 受之父母

① 몸　　　　　　② 머리털

③ 피부　　　　　④ 두뇌

1. 육서(六書)에 대한 설명 중 바른 것은?

① 會意 : 모양을 본떠 글자를 만드는 방법
② 指事 : 추상적 개념을 기호로 나타내는 방법
③ 形聲 : 두 글자의 뜻과 뜻을 결합하는 방법
④ 轉注 : 두 글자의 뜻과 음을 결합하는 방법

2. 〈보기〉의 내용을 漢字의 3요소(形·音·義)와 관련지어 설명한 것 중 **잘못된** 것은?

```
〈보기〉
金
① 쇠(금)
② 성씨(김)
```

① 形은 '金' 이다
② 音은 '금' 과 '김' 이다
③ 義는 '쇠' 와 '성씨' 이다
④ 필순은 음과 관련이 있다

3. '15세' 의 나이와 관련 있는 漢字語는?

① 志學   ② 不惑   ③ 耳順   ④ 知天命

※밑줄 친 漢字語의 讀音으로 올바른 것을 고르시오.(4~8)

4. 뜻이 비슷한 말을 **類義語**라 한다.

① 유의어   ② 동의어
③ 반의어   ④ 하의어

5. **高位平坦面**이란 해발고도가 높은 곳에서 낮고 평탄한 면이 넓게 펼쳐져 있는 지형이다.

① 고립평탄면   ② 고위평단면
③ 고립평단면   ④ 고위평탄면

6. 수면 밑에 침수된 땅을 개간하는 것을 **干拓**이라 한다.

① 간석   ② 간척   ③ 간수   ④ 간만

7. **兩性平等**은 남성과 여성이 차별 없이 동등함을 의미한다.

① 우성동등   ② 우성평등
③ 양성동등   ④ 양성평등

8. **擊蒙要訣**은 율곡 이이가 학문을 시작하는 이들을 가르치기 위해 만든 책이다.

① 격몽요결   ② 동몽선습
③ 농사직설   ④ 경국대전

※밑줄 친 漢字語를 漢字로 바꿀 때 가장 올바른 것을 고르시오.(9~12)

9. 시에서 두 가지 이상의 감각이 느껴지는 경우를 **공감각**이라 한다.

① 公感覺　　　② 共感覺
③ 公咸覺　　　④ 共咸覺

10. 원심력은 물체가 원운동을 할 때 바깥쪽으로 작용하는 힘이다.

① 原心力　　　② 圓心力
③ 遠心力　　　④ 元心力

11. 혈압은 심장에서 밀려나온 혈액이 혈관의 벽을 미는 힘이다.

① 血管　② 皿管　③ 血壓　④ 皿壓

12. 동음이의어란 소리는 같으나 뜻이 다른 말이다.

① 同音二義語　　② 同音利義語
③ 同音以義語　　④ 同音異義語

※다음에 제시하는 漢字語에서 밑줄 친 字의 뜻으로 올바른 것을 고르시오.(13 ~15)

13. 溫帶氣候 : 쾨펜 기후 구분에서 A기후로 가장 추운 달 평균 기온이 −3℃~18℃ 사이인 기후.

① 뜨겁다　　　② 따뜻하다
③ 서늘하다　　④ 축축하다

14. 密度 : 단위 부피당 물질의 질량.

① 빽빽하다　　② 빠르다
③ 높다　　　　④ 넓다

15. 擬態**語** : 사물이나 동물의 모양이나 움직임을 흉내낸 말.

① 사물　② 동물　③ 모양　④ 움직임

※다음의 ○ 안에 공통적으로 어울리는 漢字를 고르시오.(16~17)

16.

> · 事君○忠 : 임금을 충성으로 섬길 것.
> · 事親○孝 : 부모를 효성으로 섬길 것.
> · 交友○信 : 친구를 신의로써 사귈 것.

① 而　　② 以　　③ 耳　　④ 爲

17.

> · 儒○ : 춘추전국 시대 공자의 학설·학풍 등을 신봉하고 연구하는 학자나 학파.
> · 諸子百○ : 춘추전국 시대를 통틀어 출현했던 여러 학자들과 수많은 학파.

① 學　　② 子　　③ 家　　④ 派

18. 밑줄 친 心의 공통된 뜻은?

> **心**房, **心**室, **心**腸

① 마음　② 가운데　③ 심장　④ 생각

19. 愚公移山이 강조하는 덕목은?

① 노력　② 용기　③ 겸손　④ 효도

20. 成語와 讀音의 연결이 바르지 **못한** 것은?

① 安分知足 – 안분지족
② 易地思之 – 역지사지
③ 外柔內剛 – 외강내유
④ 烏飛梨落 – 오비이락

21. 다음 내용과 관련 있는 成語는?

> · 마량
> · 여럿 가운데 뛰어남

① 白眉　② 助長　③ 杞憂　④ 紅一點

22. '어진 사람은 적이 없다' 는 뜻의 '인자 무적' 을 漢字로 바꿀 때 **틀린** 것은?

① 인 - 人　　② 자 - 者
③ 무 - 無　　④ 적 - 敵

23. 다음은 신문의 머릿기사이다. 이와 같은 의미를 갖고 있는 成語는?

> 고교생 2명 물에 빠진 어린이 구하고 끝내 숨져

① 小貪大失　　② 信賞必罰
③ 殺身成仁　　④ 先公後私

※다음 □ 안에 어울리는 成語를 고르시오.(24~25)

24. 아버지는 실직하시고 □□□□으로 어머니는 교통사고를 당하셨다.

① 馬耳東風　　② 氷山一角
③ 勸善懲惡　　④ 雪上加霜

25. 한여름에 땀을 뻘뻘 흘려 가며 뜨거운 삼계탕을 먹는 것은 □□□□식 피서법 이다.

① 有備無患　　② 以熱治熱
③ 錦上添花　　④ 初志一貫

26. '양적으로만 차이가 있을 뿐 질적으로 는 차이가 없다' 는 뜻으로 쓰이는 成語는?

① 五十步百步　　② 塞翁之馬
③ 紅一點　　　　④ 四面楚歌

27. 我田引水형의 인물은?

① 무슨 일이든 자신에게 유리하게 하는 사람
② 무슨 일이든 긍정적으로 받아들이는 사람
③ 무슨 일이든 완벽하게 하려고 하는 사람
④ 무슨 일이든 안 될 것이라고 슬퍼하 는 사람

28. '친구' 와 관련이 **적은** 成語는?
① 伯牙絶絃　　② 竹馬故友
③ 管鮑之交　　④ 賢母良妻

29. 밑줄 친 부분의 예로써 가장 알맞은 것은?

> 道吾善者是吾賊 **道吾惡者**是吾師

① 충고하는 사람　② 아첨하는 사람
③ 알아주는 사람　④ 존경하는 사람

30. 밑줄 친 부분의 讀音 중 **잘못된** 것은?

> **衆**好之**必**察焉 衆**惡**之必**察**焉

① 衆 - 중　　② 必 - 필
③ 惡 - 악　　④ 察 - 찰

※다음 문장을 보고 물음에 답하시오.(31
　～34)

> (가) 日新日日新㉠又日新
> (나) 不㉡患人之不己知
> (다) 大富㉢由天 小富由勤
> (라) 水至淸㉣則無魚

31. 人至察則無徒와 한 쌍으로 쓰이는 문
장은?

　① (가)　　② (나)　　③(다)　　④(라)

32. '근면함과 성실함'을 강조한 문장은?

　① (가)　　② (나)　　③(다)　　④(라)

33. '不患人之不己知'에서 '之'의 해석으
로 알맞은 것은?

　① ～이　　　　　② ～의
　③ ～처럼　　　　④ ～을

34. 밑줄 친 ㉠～㉣ 중 그 讀音이 **잘못된**
것은?

　① ㉠又-우　　　② ㉡患-충
　③ ㉢由-유　　　④ ㉣則-즉

35. 다음 문장을 해석할 때 가장 마지막에
풀이해야 할 漢字는?

> 功①者②難成而③易④敗

※다음 문장을 보고 물음에 답하시오.(36
　～38)

> (가) ㉠與人同處 不可自擇便利
> (나) 有陰德㉡者㉢必有陽報
> (다) 得土地易 得人心難
> (라) ㉣欲知其人 先視其友

36. '이기주의(利己主義)'를 경계하는 내
용의 문장은?

　① (가)　　②(나)　　③(다)　　④(라)

37. 다음 내용과 관련 있는 문장은?

> ·같은 것은 같은 것을 이끈다.
> ·같은 깃털의 새들은 함께 모인다.
> ·가장 좋은 거울은 오래 사귄 친구이다.

　① (가)　　② (나)　　③ (다)　　④ (라)

38. 밑줄 친 ㉠～㉣ 중 '～하려고 하다'로
풀이하는 漢字는?

　① ㉠與　　② ㉡者　　③ ㉢必　　④ ㉣欲

39. '知之爲知之 不知爲不知 是知也'에
서 '爲'의 해석으로 알맞은 것은?

　① ～이다　　　　② ～을 위하다
　③ ～이 되다　　　④ ～라 하다

40. □ 안에 알맞은 漢字는?

> 人無遠慮 必有□憂

　① 近　　② 追　　③ 逆　　④ 速

41. □ 안에 가장 적절한 漢字語는?

```
            兄弟之情 □□而已
```

① 友愛　　② 人情　　③ 慈愛　　④ 同情

※다음 문장을 보고 물음에 답하시오.(42
　～44)

```
(가) 夫婦 二姓之合 生民之始 ㉠萬福之源
(나) ㉡身體髮膚 受之父母 孝之始也
(다) 時者 ㉢難得而易失
(라) ㉣精神一到 何事不成
```

42. 다음과 같은 역사적 사실에 밑바탕이
된 정신을 담고 있는 문장은?

```
1895년에 단발령이 내려졌으나 많은 선비
들은 '손발은 자를지언정 두발을 자를 수는
없다' 고 분개하여 정부가 강행하려는 단발
령에 완강하게 반대하였다.
```

① (가)　　② (나)　　③ (다)　　④ (라)

43. 다음 내용과 관련 있는 문장은?

```
성(姓)과 혈연의 공동체, 거주의 공동체, 가
계(家計)의 공동체, 애정의 결합체
```

① (가)　　② (나)　　③ (다)　　④ (라)

44. (가)~(라)의 밑줄 친 부분의 讀音 중
잘못된 것은?

① ㉠萬福之源 – 만복지원
② ㉡身體髮膚 – 신체발부
③ ㉢難得而易失 – 난득이이실
④ ㉣精神一到 – 정신일치

※다음 문장을 보고 물음에 답하시오.(45
　～46)

```
(가) 性孝相近也 習相遠也
(나) 破山中賊易 破心中賊難
(다) 父不言子之德 子不談父之過
(라) 先行其言 而後從之
```

45. 대구對句('뭐는 어떻고 뭐는 어떻다'
는 식의 한 쌍을 이루는 두 개의 구절)로 이
루어진 문장이 아닌 것은?

① (가)　　② (나)　　③ (다)　　④ (라)

46. 다음 내용과 관련 있는 문장은?

```
인류는 오랜 옛날부터 주거 생활을 시작했
으며 각 나라의 기후와 풍토에 맞게 다양한
가옥 형태로 발전했다.
```

① (가)　　② (나)　　③ (다)　　④ (라)

※다음 문장의 밑줄 친 漢字의 풀이로 알
　맞은 것을 고르시오.(47~48)

47. **過**而不改 是爲**過**矣

① 지나치다　　　　② 과거
③ 잘못　　　　　　④ 고치다

48. 無說己之**長**

① 길다   ② 어른   ③ 장점   ④ 자라다

49. □ 안에는 '막히다' 로 해석되는 漢字
가 들어가야 한다. 알맞은 漢字는?

學然後 知不足 敎然後 知□

①囚   ②因   ③困   ④固

50. 다음은 비교형 문장이다. 비교 대상의
개수는 모두 몇 개인가?

知之者不如好之者 好之者不如樂之者

① 2개   ② 3개   ③ 4개   ④ 5개

〈 중III급 문제 예시 1 정답 〉

1. ②   2. ①   3. ②   4. ③   5. ③   6. ②   7. ④
8. ③   9. ③   10. ①   11. ④   12. ①   13. ④   14. ③
15. ①   16. ②   17. ①   18. ④   19. ②   20. ①   21. ④
22. ④   23. ④   24. ③   25. ①   26. ③   27. ②   28. ①
29. ②   30. ②   31. ①   32. ④   33. ②   34. ③   35. ③
36. ③   37. ③   38. ②   39. ①   40. ③   41. ①   42. ②
43. ①   44. ④   45. ②   46. ②   47. ③   48. ①   49. ④
50. ③

〈 중III급 문제 예시 2 정답 〉

1. ①   2. ②   3. ②   4. ②   5. ③   6. ④   7. ①
8. ②   9. ③   10. ③   11. ②   12. ②   13. ②   14. ③
15. ③   16. ④   17. ①   18. ①   19. ①   20. ③   21. ④
22. ④   23. ②   24. ③   25. ①   26. ④   27. ①   28. ③
29. ①   30. ③   31. ②   32. ④   33. ②   34. ③   35. ③
36. ①   37. ③   38. ②   39. ③   40. ③   41. ③   42. ①
43. ②   44. ③   45. ③   46. ④   47. ①   48. ④   49. ①
50. ②

〈 중III급 문제 예시 3 정답 〉

1. ①   2. ④   3. ①   4. ①   5. ④   6. ②   7. ④
8. ①   9. ②   10. ③   11. ③   12. ④   13. ②   14. ①
15. ③   16. ②   17. ③   18. ③   19. ①   20. ③   21. ①
22. ①   23. ③   24. ④   25. ②   26. ①   27. ①   28. ④
29. ①   30. ③   31. ④   32. ③   33. ①   34. ②   35. ③
36. ①   37. ④   38. ④   39. ④   40. ①   41. ①   42. ②
43. ①   44. ④   45. ④   46. ①   47. ③   48. ③   49. ③
50. ②

※ 한문 교육용 기초 한자 2,000자.

한문 교육용 기초 한자 2,000자는 한국한문교육학회에서 1999년 12월 30일에 만든 것이다. 교육부에서 제정한 한문 교육용 기초 한자 1,800자는 엄밀히 말하면 언어 생활 중심의 국어 교육용에 가깝다. 그러나 한국한문교육학회의 것은 북한北韓, 일본日本, 중국中國, 대만臺灣의 상용 한자 빈도까지 고려하여 만든 것으로 한문 교육용 기초 한자에 가깝다고 말할 수 있다. 그러나 무엇보다 중요한 것은 1,800자나 2,000자나 그만큼 다른 한자에 비해 많이 쓰인다는 것을 의미할 뿐, 우선 이 한자들은 알아두고 그 다음에 한자 어휘나 한문 학습을 하라고 제시된 것은 아니라는 점이다. 빈도가 1,800번째와 1,801번째 그리고 2,000번째와 2,001번째는 그 중요성에서 차이가 없음에도 불구하고, 1,800자나 2,000자 안에 있는 한자와 없는 자의 대접은 현격한 차이가 난다. 이는 한자·한문 학습을 한자 숫자에 얽매이게 한 때문이다. 이후에는 반드시 알아야 할 한자 어휘를, 그리고 한문 문장의 내용을 우선 고려해서 배워야 한다. 내용은 중요하고 좋은데, 그 안에 2,000자(혹은 1,800자) 이외의 한자가 있다고 학습 과정에 제외를 시키는 일이 있어서는 안 되겠다.

한국한문교육학회 2,000자의 대표뜻은 전국한문교사모임에서 제정하였다. 제정 작업 과정에서 가장 중요하게 여긴 점은 대표 뜻 자체를 이해 못하는 현상을 막기 위해, 중·고등학생이 일상적으로 사용하고 있는 표현을 우선으로 하였다. 물론 부득이하게 예외의 경우도 있었다. 이 외에 몇 가지 규칙은 다음과 같다.

1. 이전의 〈月 달 월〉, 〈甘 달 감〉 등에서처럼 동음이의어의 혼란을 막기 위해 '∼ㄹ' 형태는 '∼이다'로 바꾸었다. 〈甘 달 감 → 달다 감〉

2. 소통 과정상에는 짧은 표현이 유리하지만, 의미 전달에 미흡한 경우가 많기 때문에, 길게 풀어서 표현하기도 했고〈德 공정하고 포용성 있는 마음 덕〉, 또한 〈有 있다 유〉〈在 (∼에) 있다〉처럼 ( )를 이용하기도 했다.

3. 한자어의 한글화를 고려하여 현재 거의 사용하고 있지 않는 고유어는 한자어로 바꾸었고, 한자어 표현이 더 익숙한 경우에도 한자어로 바꿨다. 예를 들어 〈山〉의 경우 예전에는 〈뫼 산〉이라고 표현했으나, 〈뫼〉라는 표현은 현재 거의 사용하고 있지 않기 때문에 〈산 산〉으로 바꿨다.

4. 가능하면 자원字源에 가까운 뜻을 대표 뜻으로 삼으려고 했으나 활용 예가 적은 경우에는 활용 빈도가 높은 뜻으로 대표를 삼았다.

가

家	1	집
街	1	거리
可	1	옳다
歌	1	노래
加	1	더하다
價	1	값
佳	2	아름답다
假	2	거짓
暇	2	겨를
苛	3	가혹하다
架	3	선반

각

角	1	뿔
各	2	따로 따로
脚	2	다리(신체 일부)
閣	2	집
却	2	물리치다
覺	2	깨닫다
刻	2	새기다

간

間	1	사이
干	2	방패
看	2	지켜보다
刊	2	책 펴내다
肝	2	간
幹	2	줄기
簡	2	간단하다
姦	3	간음하다
懇	3	간절하다

갈

| 渴 | 2 | 목마르다 |

감

減	1	덜다
感	1	느끼다
敢	1	용감하다
甘	2	(맛이) 달다
監	2	살피다
鑑	3	거울
憾	3	섭섭하다

갑

甲　2　첫째 천간

강

江　1　강
降(항)　1　내려오다
强　1　강하다
講　2　강의하다
康　2　편안하다
剛　2　굳세다
鋼　2　강철
綱　2　사물의 주가 되는 것

개

開　1　열다
改　2　고치다
皆　2　모두
個　2　낱개
槪　2　대개
介　3　끼이다
慨　3　분개하다
蓋　3　덮다

객

客　1　손님

갱

更(경)　2　다시
坑　3　구덩이

거

去　1　떠나가다
車(차)　1　수레
擧　1　들다
巨　2　크다
居　2　(~에) 살다
距　2　(거리가) 떨어지다
拒　2　막다
據　2　의지하다

건

建　1　세우다
乾　2　마르다
件　2　~것
健　2　튼튼하다
巾　3　수건

걸

傑　2　뛰어나다
乞　3　구걸하다

검

儉　1　검소하다
劍　2　칼
檢　2　검사하다

게

揭　3　높이 들다

격

格　1　바로잡다
擊　2　치다
激　2　거세다
隔　3　사이가 뜨다

견

犬　1　개
見(현)　1　보다
堅　2　굳다
遣　2　보내다
肩　2　어깨
絹　3　명주
牽　3　끌다

결

決　1　결정하다
結　1　맺다
潔　1　깨끗하다
缺　1　빠지다

겸

兼　2　아우르다

겸

謙　2　겸손하다

경

景　1　경치
輕　1　가볍다
經　1　날실(옷감 등에 세
　　　　　로로 놓인 실)
敬　1　공경하다
慶　1　축하하다
競　1　다투다
警　2　경계하다
京　2　서울
傾　2　기울다
境　2　(땅의) 경계
耕　2　밭 갈다
驚　2　놀라다
庚　2　일곱째 천간
卿　3　벼슬
徑　3　지름길
硬　3　굳다
頃　3　잠깐
鏡　3　거울
竟　3　마침내

계

季　1　계절
界　1　(땅의) 경계
計　1　(수를) 세다
溪　1　시냇물
係　2　매다
階　2　층계
系　2　계통
繼　2　잇다
戒　2　경계하다
械　2　기계
契　2　약속
癸　2　열 번째 천간
鷄　2　닭
啓　2　깨우치다
桂　3　계수나무
繫　3　묶다

고

古	1	옛
故	1	옛
固	1	굳다
考	1	헤아리다
高	1	높다
告	1	알리다
苦	2	괴롭다
鼓	2	북
孤	2	외롭다
庫	2	창고
顧	2	돌아보다
拷	3	때리다
膏	3	기름
姑	3	시어머니
雇	3	고용하다
枯	3	마르다
稿	3	원고

곡

谷	1	골짜기
曲	1	휘다
穀	1	곡식
哭	3	(소리 내어) 울다

곤

困	1	어려워지다
坤	2	땅

골

骨	1	뼈

공

工	1	물건 만들다
功	1	공로
空	1	비다
共	1	함께
公	1	여러 사람에 관계 되는 일
供	2	바치다
恭	2	공손하다
攻	2	치다
恐	2	두렵다
孔	3	구멍
貢	3	바치다

과

果	1	열매
課	1	책임 지우다
科	1	조목
過	1	지나가다
誇	2	과장하다
戈	3	창
瓜	3	오이
寡	3	적다

곽

郭	3	성곽

관

觀	1	보다
貫	1	꿰다
關	2	빗장
館	2	집
管	2	대롱
慣	2	익숙하다
官	2	벼슬
寬	3	너그럽다
冠	3	갓
款	3	문서

괄

括	3	묶다

광

光	1	빛
廣	1	넓다
鑛	2	광석
狂	3	미치다

괘

掛	3	걸다

괴

怪	2	괴상하다
塊	3	덩어리
愧	3	부끄럽다
壞	3	무너지다

교

交	1	사귀다
校	1	학교
敎	1	가르치다
較	2	비교하다
橋	2	다리(건너다니는 시설물)
巧	2	교묘하다
僑	3	객지에 나가 살다
郊	3	시외(市外)
矯	3	바로잡다
絞	3	목매다

구

九	1	아홉
口	1	입
救	1	구원하다
究	1	연구하다
久	1	오래되다
舊	1	옛
構	2	얽어매다
具	2	갖추다
區	2	(행정) 구역
求	2	찾다
句	2	구절
球	2	공
驅	2	몰다
拘	2	잡다
丘	2	언덕
俱	2	함께
購	3	사다
狗	3	개
鷗	3	갈매기
龜(귀/균)	3	거북이
懼	3	두렵다

| 歐 | 3 | 유럽의 약칭 |
| 苟 | 3 | 진실로 |

국

國	1	나라
局	2	관청
菊	2	국화

군

君	1	임금
郡	1	고을
軍	1	군사
群	2	무리

굴

| 屈 | 2 | 굽히다 |
| 掘 | 3 | 파다 |

궁

弓	2	활
宮	2	궁궐
窮	2	다하다

권

權	1	권력
卷	2	책
勸	2	권하다
券	3	문서
拳	3	주먹
圈	3	범위

궐

| 厥 | 3 | 그 |
| 闕 | 3 | 궁궐 |

귀

貴	1	귀하다
歸	2	돌아가다
鬼	2	귀신

궤

| 軌 | 2 | 수레바퀴 |

규

規	1	규칙
叫	2	절규하다
糾	3	꼬이다
閨	3	(여자가 거처하는) 방

균

| 均 | 2 | 평평하다 |
| 菌 | 3 | 버섯 |

극

極	2	끝
克	2	이기다
劇	2	연극

근

近	1	가깝다
勤	1	부지런하다
根	2	뿌리
斤	2	도끼
僅	3	겨우
筋	3	힘줄
謹	3	조심하다

금

金(김)	1	쇠
今	1	지금
禁	1	금지하다
琴	2	거문고
錦	3	비단
禽	3	날짐승

급

及	2	(어떤 상황에) 이르다
給	2	주다
急	2	급하다
級	2	등급

긍

| 肯 | 2 | 옳게 여기다 |
| 矜 | 3 | 자랑하다 |

기

己	1	자기
記	1	기록하다
起	1	일어나다
期	1	기간
基	1	기초
氣	1	기운
技	1	재주
紀	2	법칙 *綱은 큰 벼릿줄, 紀는 작은 벼릿줄
飢	2	굶다
奇	2	기이하다
騎	2	말 타다
旗	2	깃발
欺	2	속이다
器	2	그릇
企	2	꾀하다
機	2	기계
寄	2	보내다
旣	2	이미
其	2	그
幾	2	몇
忌	2	꺼리다
豈	3	어찌
棄	3	버리다
祈	3	빌다
畿	3	경기(왕성王城 200里 이내의 땅)
棋	3	바둑

긴

| 緊 | 2 | 팽팽하다 |

길

| 吉 | 1 | 좋은 조짐 |

나

| 那 | 3 | 어찌 |

낙

| 諾(락) | 3 | 허락하다 |

난

| 暖 | 1 | 따뜻하다 |
| 難 | 1 | 어렵다 |

남

| 南 | 1 | 남쪽 |
| 男 | 1 | 남자 |

납

| 納 | 2 | 바치다 |

낭

| 娘 | 3 | 아가씨 |

내

內	1	안
乃	2	이에
耐	2	견디다
奈(나)	3	어찌

녀

| 女(여) | 1 | 여자 |

년

| 年(연) | 1 | 해 |

념

| 念(염) | 1 | 생각하다 |

녕

| 寧(영/령) | 2 | 편안하다 |

노

怒(로)	1	화내다
奴	2	노예
努	2	힘쓰다

농

| 農 | 1 | 농사 |
| 濃 | 3 | 짙다 |

뇌

| 惱 | 2 | 괴로워하다 |
| 腦 | 3 | 뇌 |

뇨

| 尿(요) | 3 | 오줌 |

능

| 能 | 1 | 잘하다 |

니

| 泥(이) | 3 | 진흙 |

닉

| 匿(익) | 3 | 숨기다 |
| 溺(익) | 3 | (물에) 빠지다 |

다

| 多 | 1 | 많다 |
| 茶(차) | 3 | (달여 마시는) 차 |

단

丹	1	붉다
單	1	혼자
短	1	짧다
端	1	바르다
但	2	다만
段	2	부분
壇	2	높고 평평한 곳
檀	2	박달나무
斷	2	끊다
團	2	모임
旦	3	아침
鍛	3	쇠를 불리다

달

| 達 | 1 | 다다르다 |

담

談	1	이야기
淡	2	맑다
擔	2	메다
膽	3	쓸개

답

答	1	대답하다
踏	2	밟다
畓	3	논

당

堂	2	집
當	2	마땅하다
唐	2	나라 이름
糖(탕)	2	사탕
黨	2	무리

대

大	1	크다
對	1	마주 대하다
代	2	대신하다
待	2	기다리다
帶	2	띠
臺	2	높고 평평한 곳
隊	2	무리
貸	3	빌리다

덕

| 德 | 1 | 공정하고 포용성 있는 마음 |

도

刀	1	칼
到	1	이르다
度(탁)	1	~한 정도
道	1	길
島	1	섬

도

都	1	도읍
圖	1	그림
徒	2	무리
倒	2	넘어지다
挑	2	싸움을 걸다
逃	2	달아나다
渡	2	건너다
導	2	이끌다
盜	2	도둑
悼	3	슬퍼하다
桃	3	복숭아
跳	3	뛰다
陶	3	도자기
途	3	길
稻	3	벼
塗	3	칠하다

독

讀	1	읽다
獨	1	홀로
毒	2	독(해로운 성분)
督	2	감독하다
篤	3	인정이 많다

돈

豚	3	돼지
敦	3	도탑다

돌

突	2	갑자기

동

同	1	같다
洞(통)	1	마을
童	1	아이
冬	1	겨울
東	1	동쪽
動	1	움직이다
銅	2	구리
凍	2	얼다
棟	2	용마루
桐	3	오동나무

두

斗	2	말(용량 단위)
豆	2	콩
頭	2	머리

둔

鈍	3	둔하다
屯	3	주둔하다

득

得	1	얻다

등

等	1	등급
登	1	오르다
燈	2	등불
謄	3	베끼다
騰	3	뛰어 오르다

라

羅(나)	2	나열하다
裸(나)	3	벌거벗다

락

落(낙)	1	떨어지다
樂(악/낙/요)	1	즐겁다
絡	2	잇다

란

卵(난)	2	알
亂(난)	2	어지럽다
蘭(난)	3	난초
爛(난)	3	불에 데다
欄(난)	3	난간

람

覽	2	보다
濫(남)	2	넘치다
藍(남)	3	쪽풀(붉은 청색즙 이 나오는 풀)

랑

浪(낭)	2	물결
郞(낭)	2	사나이
朗(낭)	3	밝다
廊(낭)	3	복도

래

來(내)	1	오다

랭

冷(냉)	1	(온도가) 차다

략

略(약)	2	간략하다
掠(약)	3	빼앗다

량

良(양)	2	어질다
兩(양)	2	둘
量(양)	2	수량
凉(양)	2	서늘하다
糧(양)	2	식량
梁(양)	3	대들보
諒(양)	3	믿다
輛	3	수레

려

旅(여)	1	나그네
麗(여)	2	곱다
慮	2	걱정하다
勵(여)	2	힘쓰다

력

力(역)	1	힘
歷(역)	1	지내다
曆(역)	2	달력

련

連(연)	1	잇다
練(연)	1	익히다

鍊(연)　2　두드려 단단하게
　　　　　　하다
憐(연)　3　불쌍히 여기다
聯(연)　3　이어 달다
戀(연)　3　그리워하다
蓮(연)　3　연꽃

렬

列(열)　2　줄지어 놓다
烈(열)　2　세차다
裂(열)　2　찢다
劣(열)　3　못나다

렴

廉(염)　3　청렴하다

렵

獵(엽)　3　사냥하다

령

令(영)　1　명령하다
領(영)　2　우두머리
齡　　　3　나이
嶺(영)　3　산봉우리
零(영)　3　영(숫자 0)
靈(영)　3　영혼

례

例(예)　1　본보기
禮(예)　1　예절
隷(예)　3　노예

로

路(노)　1　길
老(노)　1　늙다
勞(노)　1　일하다
露(노)　2　이슬
爐(노)　2　화로(숯불 담아 두
　　　　　　는 그릇)

록

綠(녹)　2　초록
錄(녹)　2　기록하다
鹿(녹)　2　사슴
祿(녹)　3　봉급

론

論(논)　1　논의하다

롱

弄(농)　3　놀리다

뢰

雷(뇌)　3　천둥
賴　　　3　의지하다

료

料(요)　1　재료
了(요)　2　마치다
療(요)　3　병 고치다
僚(요)　3　벼슬아치

룡

龍(용)　2　용

루

屢(누)　3　여러
樓(누)　3　누각
累(누)　3　쌓다
淚(누)　3　눈물
漏(누)　3　새 나가다

류

流(유)　1　흐르다
類(유)　1　종류
柳(유)　2　버드나무
留(유)　2　머무르다
謬　　　3　어긋나다

륙

六(육)　1　여섯

륙

陸(육)　1　땅

륜

倫(윤)　2　사람의 도리
輪(윤)　2　바퀴

률

律(율)　1　법률
率(율/솔)2　비율
栗(율)　3　밤(과일 종류)

륭

隆(융)　2　솟다

릉

陵(능)　3　큰 언덕

리

里(이)　1　마을
理(이)　1　이치
利(이)　1　이롭다
離(이)　1　떠나다
李(이)　3　성씨
梨(이)　3　배나무
吏(이)　3　관리
裏(이)　3　속
履(이)　3　밟고 가다

린

隣(인)　2　이웃

림

林(임)　1　숲
臨(임)　2　임하다

립

立(입)　1　서다

마

馬　　　1　말

麻 3 삼(삼과의 한해살이 풀)
磨 3 갈다
魔 3 마귀
摩 3 비비다

막

莫 1 없다
幕 2 장막
膜 3 얇은 꺼풀
漠 3 사막

만

萬 1 만
滿 1 가득 차다
晚 2 늦다
漫 2 생각나는 대로 하다
慢 3 거만하다
灣 3 육지로 굽어 들어 온 바다

말

末 2 끝

망

望 1 바라다
亡 2 망하다
忙 2 바쁘다
忘 2 잊다
網 3 그물
茫 3 아득하다
妄 3 망령되다
罔 3 없다

매

每 1 ~마다
買 1 사다
賣 1 팔다
妹 1 누이
梅 2 매화
埋 2 파묻다

媒 3 매개
枚 3 (종이) 세는 단위

맥

麥 2 보리
脈 2 맥

맹

猛 2 사납다
盟 2 맹세하다
盲 3 눈멀다
孟 3 성씨

면

面 1 얼굴
勉 1 힘쓰다
免 2 면하다
眠 2 잠자다
綿 2 솜

멸

滅 2 멸망하다
蔑 3 업신여기다

명

名 1 이름
命 1 목숨
明 1 밝다
鳴 2 울다
銘 2 새기다
冥 3 어둡다

모

母 1 어머니
毛 1 털
貌 1 모양
暮 2 저물다
慕 2 사모하다
模 2 본뜨다
帽 3 모자
謀 3 꾀하다

摸 3 찾다
募 3 모으다
冒 3 무릅쓰다
某 3 아무
矛 3 창
侮 3 업신여기다

목

木 1 나무
目 1 눈(신체 기관)
牧 2 기르다
睦 3 화목하다
沐 3 머리감다

몰

沒 2 잠기다

몽

夢 2 꿈
蒙 3 어리다

묘

卯 2 넷째 지지
妙 2 묘하다
描 3 그리다
苗 3 싹
廟 3 사당(신주를 모신 집)
墓 3 무덤

무

武 1 무기
務 1 일
無 1 없다
貿 1 바꾸다
戊 2 다섯째 천간
茂 2 무성하다
舞 2 춤추다
霧 3 안개
巫 3 무당

묵

墨	2	먹
默	2	잠잠하다

문

門	1	문
問	1	묻다
聞	1	듣다
文	1	글
紋	3	무늬

물

物	1	사물
勿	2	~하지 말라

미

未	1	아직 ~않다
味	1	맛
美	1	아름답다
米	2	쌀
尾	2	꼬리
微	2	작다
眉	3	눈썹
迷	3	헤매다

민

民	1	백성(국가의 통치를 받는 사람)
敏	2	민첩하다
憫	3	불쌍히 여기다

밀

密	1	빽빽하다
蜜	3	꿀

박

迫	2	핍박하다
朴	2	성씨
泊	2	배를 물가에 대다
博	2	넓다
薄	2	얇다
拍	3	두드리다
縛	3	묶다
舶	3	큰 배(선박)

반

反	1	되돌리다
飯	2	밥
半	2	반쪽
般	2	일반
盤	2	쟁반
班	2	나누다
返	2	돌아오다
叛	3	배반하다
伴	3	짝

발

發	1	드러내다
髮	2	머리카락
拔	2	뽑다

방

方	1	방향
放	1	놓다
訪	1	방문하다
房	2	방
防	2	막다
妨	2	방해하다
傍	2	곁
紡	3	실 뽑다
倣	3	본뜨다
邦	3	나라
芳	3	꽃답다

배

拜	1	절하다
培	1	북돋우다
杯	2	술잔
配	2	짝짓다
排	2	밀어 내다
輩	2	무리
倍	2	곱절
背	2	등지다
賠	3	물어주다

백

白	1	희다
百	1	백
伯	2	맏
柏(栢)	3	잣나무
魄	3	넋

번

番	1	차례
繁	2	번성하다
煩	3	괴로워하다
飜	3	번역하다

벌

伐	2	치다
罰	2	벌 주다
閥	3	(공로가 있는) 집안

범

凡	2	평범하다
犯	2	죄 짓다
範	2	본보기
汎	3	널리
帆	3	돛

법

法	1	법

벽

壁	2	벽
僻	3	후미지다
碧	3	푸르다

변

變	1	변하다
邊	2	변두리
辯	3	말 잘하다
辨	3	분별하다

별

別　1　다르다

병

病　1　질병
兵　1　군사
丙　2　셋째 천간
竝　2　나란히 하다
屏　3　병풍
瓶　3　병(물 등을 담는 용기)

보

保　1　보호하다
步　1　걷다
報　1　갚다
普　2　보통
補　2　보태다
寶　2　보배
譜　3　순서대로 적다

복

福　1　복
服　1　옷
復(부)　1　돌아오다
伏　2　엎드리다
腹　2　배(신체 일부)
複　2　겹치다
僕　3　하인
覆　3　뒤집히다
卜　3　점치다

본

本　1　근본

봉

奉　1　받들다
逢　2　만나다
峰(峯)　2　산봉우리
封　2　붙이거나 싸서 막다
鳳　3　봉황새

縫　3　꿰매다
俸　3　봉급
蜂　3　벌

부

夫　1　남편
父　1　아버지
富　1　넉넉하다
婦　1　아내
扶　2　돕다
部　2　분류
否　2　그렇지 않다
浮　2　뜨다
附　2　붙이다
付　2　주다
腐　2　썩다
府　2　관청
副　2　다음
負　2　(짐을) 지다
賦　2　세금
赴　3　나아가다
符　3　서로 들어맞다
俯　3　구부리다
剖　3　쪼개다
簿　3　장부(계산 내용을 기록하는 책)
膚　3　살갗

북

北(배)　1　북쪽

분

分　1　나누다
紛　2　어지럽다
憤　2　성내다
奮　2　떨치다
奔　2　달리다
墳　3　무덤
粉　3　가루

불

不(부)　1　〜하지 않다

佛　2　부처
拂　3　치르다

붕

朋　2　친구
崩　3　무너지다

비

比　1　비교하다
非　1　아니다
鼻　1　코
備　1　갖추다
費　1　(돈을) 쓰다
悲　2　슬프다
飛　2　날다
肥　2　살찌다
碑　2　비석
秘(祕)　2　숨기다
卑　3　천하다
匪　3　도둑
妃　3　왕비
婢　3　여자 종
批　3　(좋고 나쁨을) 평가하다

빈

貧　2　가난하다
賓　2　손님
頻　3　자주

빙

氷　2　얼음
聘　3　(예를 갖추어) 부르다

사

四　1　넷
士　1　선비(글 배우는 사람)
仕　1　벼슬하다
史　1　역사
射　1　쏘다

謝	1	사례하다
師	1	스승
死	1	죽다
思	1	생각하다
事	1	일
社	1	단체
査	1	조사하다
寫	1	베끼다
巳	2	여섯째 지지
寺	2	절
私	2	개인
絲	2	실
舍	2	집
斜	2	비스듬하다
使	2	시키다
司	2	맡다
詞	2	말씀
沙(砂)	2	모래
邪	2	바르지 못하다
飼	3	먹이다
似	3	비슷하다
蛇	3	뱀
捨	3	버리다
赦	3	용서하다
祀	3	제사
斯	3	이(지시 대명사)
詐	3	속이다
辭	3	말씀
賜	3	주다

삭

| 削 | 3 | 깎다 |
| 朔 | 3 | 초하루 |

산

山	1	산
産	1	낳다
散	1	흩어지다
算	1	계산하다
酸	3	산소
傘	3	우산

살

| 殺(쇄) | 2 | 죽이다 |

삼

| 三 | 1 | 셋 |
| 森 | 3 | 나무가 빽빽하다 |

삽

| 揷 | 3 | 꽂다 |

상

上	1	위
尙	1	숭상하다
賞	1	상 주다
商	1	장사하다
相	1	서로
霜	1	서리
想	1	생각하다
傷	1	다치다
象	1	코끼리
常	2	항상
喪	2	초상 치르다
像	2	(사람을) 본뜬 모양
狀(장)	2	모양
祥	2	좋은 조짐
裳	3	치마
嘗	3	맛보다
償	3	갚다
床	3	상(밥상, 책상의 통칭)
詳	3	자세하다
桑	3	뽕나무
箱	3	상자

쌍

| 雙 | 2 | 짝이 되다 |

새

| 塞(색) | 3 | 변방 |

색

| 色 | 1 | 색깔 |
| 索(삭) | 3 | 찾다 |

생

| 生 | 1 | 살다 |
| 牲 | 3 | 희생 |

서

西	1	서쪽
序	1	차례
書	1	책
暑	1	덥다
緖	2	실마리
敍	2	차례대로 설명하다
署	2	관청
徐	2	천천히
逝	3	떠나가다
瑞	3	좋은 조짐
壻(婿)	3	사위
鼠	3	쥐
誓	3	맹세하다
庶	3	여러
恕	3	용서하다

석

夕	1	저녁
石	1	돌
昔	2	옛
惜	2	아깝다
席	2	자리
析	2	쪼개다
釋	2	풀다
碩	3	크다

선

先	1	먼저
線	1	줄
鮮	1	산뜻하다
善	1	착하다
船	1	배(선박)

選	1	가려 뽑다
仙	2	신선
旋	2	돌다
宣	2	널리 알리다
禪	3	참선
繕	3	손보아 고치다

설

雪	1	눈(하늘에서 내리는 것)
說(세/열)1		밝히어 말하다
設	1	세우다
舌	2	혀

섬

| 纖 | 3 | 가늘다 |

섭

| 涉 | 2 | 널리 통하다 |
| 攝 | 3 | 끌어당기다 |

성

性	1	성품
成	1	이루다
城	1	성곽(內城을 성, 外城을 곽)
誠	1	정성
聖	1	성스럽다
姓	2	성씨
盛	2	왕성하다
省	2	살피다
星	2	별
聲	2	소리

세

世	1	세상
洗	1	씻다
細	1	가늘다
歲	1	해
稅	2	세금
勢	2	세력

소

小	1	작다
少	1	적다
所	1	장소
消	1	사라지다
素	1	바탕
笑	2	웃다
召	2	부르다
掃	2	쓸다
騷	2	시끄럽다
蔬	3	채소
疏(疎)	3	트이다
蘇	3	되살아나다
燒	3	불태우다
昭	3	밝다
紹	3	잇다
訴	3	하소연하다

속

俗	1	속세
速	1	빠르다
續	1	잇다
屬	2	속하다
束	2	묶다
粟	3	조(노랗고 작은 오곡 중의 하나)

손

| 孫 | 1 | 손자 |
| 損 | 2 | 덜다 |

송

送	1	보내다
松	2	소나무
頌	3	기리다
訟	3	옳고 그름을 가리다
誦	3	외우다

쇄

| 刷 | 3 | 인쇄하다 |
| 鎖 | 3 | 잠그다 |

쇠

| 衰 | 2 | 약해지다 |

수

水	1	물
手	1	손
受	1	받다
授	1	주다
守	1	지키다
收	1	거두다
數	1	숫자
首	2	머리
誰	2	누구
須	2	모름지기
雖	2	비록
愁	2	근심하다
樹	2	나무(자라고 있는 나무)
壽	2	목숨
修	2	닦다
秀	2	빼어나다
帥(솔)	2	장수
獸	2	짐승(기어다니는 짐승)
殊	2	다르다
需	2	요구하다
遂	2	이루다
垂	2	드리우다
輸	2	실어 나르다
隨	3	따라가다
搜	3	찾다
睡	3	잠자다
羞	3	부끄러워하다
酬	3	갚다
囚	3	가두다

숙

叔	2	아저씨
淑	2	착하다
宿	2	머무르다
肅	2	엄숙하다
熟	2	익다

순

順　1　차례
純　1　순수하다
巡　2　돌아다니다
瞬　2　눈 깜박이다
盾　2　방패
脣　3　입술
殉　3　몸 바치다
旬　3　열흘
循　3　빙빙 돌다

술

術　1　재주
戌　2　열한 번째 지지
述　2　글 짓다

숭

崇　1　숭상하다

습

習　1　익히다
拾(십)　2　줍다
襲　2　덮치다
濕　3　축축하다

승

勝　1　이기다
乘　2　올라타다
承　2　이어받다
昇　2　오르다
升　3　되(곡식 헤아리는
　　　　　기구나 단위)
僧　3　승려

시

市　1　시장
示　1　보이다
是　1　옳다
時　1　때

詩　1　시
視　1　보다
施　1　베풀다
始　1　처음
試　2　시험
矢　3　화살
侍　3　모시다
屍　3　시체

씨

氏　2　성씨

식

食　1　먹다
植　1　심다
識　1　알다
式　2　형식
息　2　쉬다
殖　3　번식하다
飾　3　꾸미다

신

身　1　몸
神　1　귀신
臣　1　신하
信　1　믿다
新　1　새롭다
申　2　아홉째 지지
辛　2　맵다
伸　2　펴다
愼　2　삼가다
腎　3　콩팥
晨　3　새벽

실

失　1　잃다
室　1　방
實　1　실제

심

心　1　마음

深　1　깊다
甚　2　심하다
審　2　살피다
尋　3　찾다

십

十　1　열

아

兒　1　아이
我　2　나
雅　2　우아하다
亞　2　둘째
餓　2　굶주리다
牙　2　어금니
芽　3　싹
阿　3　아첨하다

악

惡　1　악하다
岳　2　큰 산
握　3　쥐다

안

安　1　편안하다
案　1　의견
顔　2　얼굴
眼　2　눈(신체 기관)
岸　2　언덕
雁　3　기러기

알

謁　3　뵙다

암

暗　2　어둡다
巖　2　바위
癌　3　암

압

壓　2　누르다

押	3	누르다

앙

仰	2	우러러보다
央	2	가운데
殃	3	재앙

애

愛	1	사랑하다
哀	1	슬프다
涯	3	물가
碍(礙)	3	거리끼다

액

額	2	이마
液	3	액체
厄	3	재앙

야

夜	1	밤(낮의 반대)
野	1	들판
也	2	～이다
耶	3	～인가?

약

約	1	약속하다
藥	1	약
弱	2	약하다
若(야)	2	같다
躍	3	뛰다

양

羊	1	양
洋	1	큰 바다
養	1	기르다
陽	1	햇볕
讓	1	사양하다
揚	2	드날리다
樣	2	모양
壤	2	부드러운 흙
楊	3	버드나무

어

孃	3	아가씨

魚	1	물고기
漁	1	고기 잡다
語	1	말씀
於	2	～에
禦	3	막다
御	3	임금

억

憶	1	기억하다
億	2	억
抑	2	억누르다

언

言	1	말씀
焉	3	어찌

엄

嚴	1	엄하다

업

業	1	일

여

餘	1	남다
與	1	주다
如	2	같다
汝	2	너
予	3	나
輿	3	수레

역

易(이)	1	바꾸다
逆	1	거스르다
亦	2	또
域	2	지역
役	2	일하다
驛	2	정거장
譯	2	번역하다

疫	3	전염병

연

然	1	그러하다
硏	1	연구하다
緣	1	인연
煙	2	연기
演	2	실제로 행하다
鉛	2	납
燃	2	불태우다
延	2	(시간을) 끌다
沿	2	물을 따라 내려가다
軟	2	부드럽다
硯	3	벼루
淵	3	(연)못
燕	3	제비
宴	3	잔치

열

熱	1	뜨겁다
悅	2	기쁘다
閱	3	훑어보다

염

炎	2	염증
鹽	2	소금
染	3	물들이다
厭	3	싫다

엽

葉	2	잎

영

永	1	영원하다
英	1	영웅
迎	1	맞이하다
榮	2	영광
營	2	경영하다
映	2	비추다
影	2	그림자
詠	2	읊다

| 泳 | 3 | 헤엄치다 |

예

藝	1	예술
譽	2	명예
銳	2	날카롭다
豫	3	미리
預	3	맡기다

오

五	1	다섯
午	1	일곱째 지지
吾	2	나
悟	2	깨닫다
誤	2	틀리다
烏	2	까마귀
汚	2	더럽다
娛	2	즐거워하다
奧	3	깊숙하다
傲	3	오만하다
嗚	3	탄식하다
梧	3	오동나무

옥

玉	1	옥
屋	2	집
獄	2	감옥
沃	3	기름지다

온

| 溫 | 1 | 따뜻하다 |
| 穩 | 3 | 평온하다 |

옹

| 翁 | 3 | 늙은이 |
| 擁 | 3 | 끌어안다 |

와

| 瓦 | 2 | 기와 |
| 臥 | 2 | 눕다 |

완

完	1	완전하다
頑	3	완고하다
緩	3	느리다

왈

| 曰 | 2 | 말하기를 |

왕

| 王 | 1 | 임금 |
| 往 | 1 | 가다 |

왜

| 倭 | 3 | 일본(일본의 예전 이름) |

외

| 外 | 1 | 바깥 |
| 畏 | 3 | 두려워하다 |

요

要	1	중요하다
謠	2	노래
搖	2	흔들다
曜	3	요일
擾	3	어지럽히다
腰	3	허리
遙	3	멀다
妖	3	아리땁다

욕

欲	2	(~을) 하고자 하다
浴	2	목욕하다
慾	2	욕심
辱	2	욕되게 하다

용

用	1	(물건을) 쓰다
勇	1	용감하다
容	1	받아들이다
庸	3	떳떳하다
傭	3	돈 받고 일하다

우

宇	1	우주
右	1	오른쪽
牛	1	소
友	1	친구
雨	1	비
于	2	~에
憂	2	근심하다
又	2	또
尤	2	더욱
遇	2	만나다
郵	2	우편
羽	2	깃털
優	2	뛰어나다
寓	3	핑계삼다
愚	3	어리석다
偶	3	짝이 되다

운

雲	1	구름
運	1	움직이다
云	2	말하다
韻	3	울림

웅

| 雄 | 1 | 웅장하다 |

원

元	1	근본
原	1	근원
願	1	원하다
遠	1	멀다
園	1	동산
怨	2	원망하다
圓	2	둥글다
援	2	돕다
院	2	집
源	2	근원

| 員 | 2 | (어떤 구실을 가진) 사람 |

월

| 月 | 1 | 달 |
| 越 | 2 | 뛰어넘다 |

위

位	1	위치
危	2	위태하다
爲	2	하다
偉	2	훌륭하다
威	2	위엄
慰	2	위로하다
僞	2	거짓
衛	2	지키다
委	2	맡기다
圍	2	둘레
謂	3	말하다
緯	3	씨줄(옷감 등의 가로로 놓인 실)
胃	3	위장
尉	3	벼슬
違	3	어기다

유

由	1	말미암다
油	1	기름
有	1	있다
遺	1	남기다
酉	2	열 번째 지지
猶	2	오히려
唯	2	오직
遊	2	놀다
柔	2	부드럽다
幼	2	어리다
裕	2	넉넉하다
乳	2	젖
維	2	밧줄
悠	2	멀다
儒	2	유교

愈	3	낫다
誘	3	꾀어내다
游	3	헤엄치다
幽	3	그윽하다
惟	3	생각하다
愉	3	즐겁다

육

| 肉 | 1 | 고기 |
| 育 | 1 | 기르다 |

윤

| 閏 | 3 | 윤달 |
| 潤 | 3 | 젖다 |

융

| 融 | 3 | 녹다 |

은

恩	1	은혜
銀	1	은
隱	3	숨다

을

| 乙 | 2 | 둘째 천간 |

음

音	1	소리
吟	2	읊다
飮	2	마시다
陰	2	그늘
淫	3	음란하다

읍

| 邑 | 1 | 고을 |
| 泣 | 2 | 울다 |

응

| 應 | 1 | 응하다 |
| 凝 | 3 | 엉기다 |

의

衣	1	옷
義	1	옳다
議	1	의논하다
醫	1	병 고치다
意	1	뜻
依	2	기대다
矣	2	~이다
疑	2	의심하다
宜	3	마땅하다
儀	3	거동
擬	3	본뜨다

이

二	1	둘
耳	1	귀
移	1	옮기다
以	2	~로써
已	2	이미
而	2	말 잇다
異(리)	2	다르다
夷	3	오랑캐

익

| 益 | 1 | 이롭다 |
| 翼 | 3 | 날개 |

인

人	1	사람
引	1	당기다
因	1	원인
仁	2	어질다
忍	2	참다
認	2	알다
寅	2	셋째 지지
印	2	도장 찍다
姻	3	혼인
刃	3	칼날

일

| 一 | 1 | 하나 |

| 日 | 1 | 날 |
| 逸 | 3 | 달아나다 |

임

任	1	맡기다
壬	2	아홉째 천간
賃	2	품삯
姙(妊)	3	아이 배다

입

| 入 | 1 | 들어가다 |

자

子	1	아들
字	1	글자
自	1	스스로
者	1	사람
姉	2	손위누이
慈	2	사랑하다
資	2	재물
紫	3	자주색
玆	3	이(지시 대명사)
刺	3	찌르다
姿	3	자세
諮	3	묻다
滋	3	붇다
恣	3	마음 내키는 대로 하다
雌	3	암컷
磁	3	자석

작

作	1	만들다
昨	2	어제
酌	3	술 따르다
爵	3	벼슬

잔

| 殘 | 2 | 해치다 |

잠

暫	2	잠깐
潛	3	잠기다
蠶	3	누에

잡

| 雜 | 2 | 섞이다 |

장

長	1	길다
場	1	마당
將	1	장군
章	2	글
壯	2	씩씩하다
障	2	장애
藏	2	감추다
丈	2	어른
掌	2	손바닥
葬	2	장사 지내다
獎	2	권하다
帳	2	공책
裝	2	꾸미다
張	2	당기다
粧	3	꾸미다
牆(墻)	3	담
臟	3	내장
莊	3	장중하다
匠	3	장인(물건 만드는 일을 직업으로 하는 사람)
杖	3	지팡이
腸	3	창자

재

材	1	재목
財	1	재물
在	1	(~에) 있다
再	1	다시
才	2	재주
栽	2	심다
哉	2	~하도다(어조사)
載	2	싣다

災	2	재앙
裁	2	(옷감 등을) 치수에 맞춰 자르다
宰	3	재상
齋	3	깨끗이 하다

쟁

| 爭 | 1 | 다투다 |

저

貯	1	저축하다
低	1	낮다
著	2	(글을) 짓다
底	2	밑
抵	2	막다
邸	3	집

적

的	2	~한 성질을 띤
赤	2	붉다
適	2	알맞다
敵	2	싸울 상대
跡	2	발자취
賊	2	도적
積	2	쌓다
籍	2	문서
績	2	(옷감을) 짜다
寂	2	고요하다
笛	3	피리
嫡	3	본부인
滴	3	물방울
摘	3	들추어내다

전

田	1	밭
全	1	온전하다
典	1	책
前	1	앞
展	1	펼치다
戰	1	싸우다
電	1	전기

錢	1	돈
傳	1	전하다
專	1	오로지
轉	2	구르다
殿	3	큰 집

절

節	1	마디
絶	1	끊다
切(체)	2	끊다
折	2	꺾이다
竊	3	훔치다

점

店	1	가게
占	2	점치다
點	2	점
漸	2	차츰

접

接	1	닿다
蝶	3	나비

정

正	1	바르다
政	1	정치
定	1	정하다
精	1	자세하다
情	1	(느끼어 일어나는) 마음
庭	1	뜰
丁	2	넷째 천간
頂	2	정수리(머리 맨 위에 있는 급소)
停	2	머무르다
井	2	우물
貞	2	(성품이) 곧다
靜	2	고요하다
淨	2	깨끗하다
程	2	(~하는) 과정
亭	2	정자(건물)
征	2	싸우러 가다
整	2	가지런하다
訂	2	바로잡다
偵	3	몰래 살피다
呈	3	드리다
廷	3	(정치나 법에 대해) 결정하는 곳

제

弟	1	아우
帝	1	황제
題	1	제목
除	1	없애 버리다
製	1	만들다
濟	1	구제하다
第	2	차례
祭	2	제사
諸	2	모두
制	2	만들다
際	2	두 사물의 중간
齊	2	가지런하다
提	2	들다
堤	2	둑

조

早	1	일찍
造	1	만들다
鳥	1	새
調	1	조절하다
朝	1	아침
助	1	돕다
祖	1	조상
兆	2	조짐
燥	2	(물기가) 마르다
組	2	조직하다
條	2	조목
操	2	잡다
潮	2	(아침에 들어왔다 나가는) 바닷물
遭	3	만나다
彫	3	새기다
粗	3	거칠다
租	3	세금
弔	3	위로하다
釣	3	낚시
措	3	두다
照	3	비추다

족

足	1	발
族	1	겨레

존

存	1	있다
尊	2	높이다

졸

卒	2	끝마치다
拙	3	못나다

종

種	1	씨
從	1	따라가다
宗	2	근본
終	2	끝나다
縱	2	세로
綜	3	모으다
鍾	3	종

좌

左	1	왼쪽
坐	2	앉다
座	2	자리
佐	3	돕다

죄

罪	2	죄

주

主	1	주인
注	1	물 붓다
住	1	(~에) 살다
宙	1	우주
晝	1	낮

周	2	두루
朱	2	붉다
舟	2	작은 배(선박)
州	2	고을
走	2	달리다
柱	2	기둥
酒	2	술
奏	3	아뢰다
珠	3	구슬
株	3	그루터기(초목을 자르고 남은 밑동)
洲	3	섬
駐	3	머무르다
鑄	3	쇠를 부어 만들다
週	3	돌다

죽

| 竹 | 1 | 대나무 |

준

準	2	법도
遵	2	따라가다
俊	3	뛰어나다

중

中	1	가운데
重	1	무겁다
衆	1	많은 사람
仲	3	가운데

즉

| 卽 | 2 | 곧 |

증

增	1	늘다
憎	2	미워하다
曾	2	일찍이
證	3	증명하다
贈	3	선물하다
症	3	증세
蒸	3	찌다

지

支	1	갈라져 나오다
止	1	그치다
知	1	알다
地	1	땅
指	1	손가락
志	1	뜻
至	1	지극하다
紙	1	종이
枝	2	나뭇가지
持	2	가지다
池	2	(연)못
遲	2	더디다
誌	2	기록하다
之	2	~의
智	2	지혜
脂	3	기름
肢	3	팔다리
只	3	다만
旨	3	내용

직

直	1	곧다
職	2	벼슬
織	2	(옷감을) 짜다

진

眞	1	참
進	1	나아가다
盡	2	다하다
振	2	떨치다
陣	2	진치다
陳	2	벌려놓다
辰	2	다섯째 지지
鎭	3	누르다
津	3	배로 건너다니는 곳
診	3	진찰하다
珍	3	보배
塵	3	먼지
震	3	떨다

질

質	1	바탕
秩	1	차례
疾	1	질병
姪	3	조카

집

集	1	모으다
執	2	잡다
輯	3	모으다

징

| 徵 | 3 | (사람을) 불러들이다 |
| 懲 | 3 | 혼내다 |

차

次	1	다음
借	2	빌려오다
且	2	또
差	2	차이
此	2	이(지시 대명사)
遮(자)	3	막다

착

着	1	붙다
錯	2	섞이다
捉	3	잡다

찬

贊	2	돕다
餐	3	식사
讚	3	칭찬하다

찰

察	1	살피다
刹	3	절
札	3	공문서

참

| 參(삼) | 1 | 참여하다 |

慘	2	비참하다
慚	3	부끄럽다
斬	3	베다

창

唱	1	노래하다
創	2	새로 만들다
窓	2	창문
倉	2	창고
昌	2	번창하다
暢	3	잘 통하다
蒼	3	푸르다
彰	3	밝히다

채

菜	2	채소
採	2	캐다
彩	2	무늬
債	3	빚지다

책

責	1	꾸짖다
冊	2	책
策	2	꾀

처

處	1	곳
妻	2	아내
悽	3	슬퍼하다

척

尺	2	자(길이 단위)
斥	2	물리치다
拓(탁)	2	넓히다
戚	3	친척
隻	3	(한 쌍 중의) 한쪽

천

千	1	천
天	1	하늘
川	1	내(시내보다는 크

고 강보다는 작은 물줄기)

淺	1	얕다
踐	2	밟다
泉	2	샘
遷	2	옮기다
賤	3	천하다
薦	3	추천하다

철

鐵	2	쇠
哲	2	(이치에) 밝다
徹	2	통하다
撤	3	거두다

첨

| 尖 | 3 | 뾰족하다 |
| 添 | 3 | 더하다 |

첩

| 諜 | 3 | 염탐하다 |
| 妾 | 3 | 첩 |

청

靑	1	푸르다
淸	1	맑다
聽	1	듣다
晴	2	날이 개다
請	2	부탁하다
廳	3	관청

체

體	1	몸
替	2	바꾸다
滯	3	막히다
逮	3	뒤따라가 붙잡다
遞	3	전하다

초

| 初 | 1 | 처음 |
| 草 | 1 | 풀 |

招	2	부르다
超	2	뛰어넘다
礎	2	기초
肖	3	닮다
抄	3	가로채다
秒	3	초(시간 단위)
哨	3	망보다
焦	3	그을리다

촉

促	2	재촉하다
觸	2	닿다
燭	3	촛불

촌

| 村 | 1 | 마을 |
| 寸 | 2 | 치(짧은 길이 단위) |

총

總	2	모두
銃	3	총
聰	3	총명하다

최

| 最 | 1 | 가장 |
| 催 | 3 | 재촉하다 |

추

秋	1	가을
追	1	뒤쫓아가다
推(퇴)	2	밀다
抽	3	뽑다
醜	3	추하다
墜	3	떨어지다

축

祝	1	축하하다
畜	1	가축
縮	2	오그라들다
築	2	쌓다
蓄	2	쌓다

逐 2 내쫓다
丑 2 둘째 지지
軸 3 중심 축

춘
春 1 봄

출
出 1 나가다

충
充 1 가득하다
忠 1 충성
蟲 1 벌레
衝 2 부딪치다
衷 3 정성스러운 마음

취
取 1 가지다
吹 2 불다
就 2 나아가다
臭 3 냄새
醉 3 술 취하다
趣 3 재미
聚 3 모으다

측
側 2 옆
測 2 재다

층
層 2 층

치
治 1 다스리다
致 1 (~에) 이르다
齒 1 이빨
値 2 값
置 2 두다
恥 2 부끄럽다
稚 3 어리다

칙
則 1 법칙

친
親 1 친하다

칠
七 1 일곱
漆 3 검은 칠

침
針 2 바늘
侵 2 쳐들어가다
沈(심) 2 가라앉다
浸 3 스며들다
寢 3 잠자다
枕 3 베개

칭
稱 3 부르다

쾌
快 1 상쾌하다

타
他 2 남
打 2 때리다
妥 2 마땅하다
墮 3 타락하다
惰 3 게으르다

탁
托 2 의지하다
琢 3 (옥을) 쪼다
濯 3 씻다
卓 3 뛰어나다
託 3 맡기다
濁 3 흐리다

탄
炭 2 숯

歎 2 탄식하다
彈 2 (줄을) 튀기다
誕 3 태어나다

탈
脫 2 벗다
奪 2 빼앗다

탐
探 1 찾다
貪 3 탐하다

탑
塔 2 탑

탕
蕩 3 쓸어 없애다
湯 3 끓인 물

태
太 1 크다
泰 2 크다
態 2 모양
怠 3 게으르다
殆 3 위태롭다
胎 3 태아를 싸고 있는
    조직

택
宅(댁) 1 집
澤 2 윤이 나다
擇 2 가려 내다

토
土 1 흙
吐 2 토하다
討 2 토론하다
兎(兔) 3 토끼

통
通 1 통하다

| 統 | 1 | 거느리다 |
| 痛 | 2 | 아프다 |

퇴

| 退 | 2 | 물러나다 |

투

投	2	던지다
透	2	꿰뚫다
鬪	3	싸우다

특

| 特 | 1 | 특별하다 |

파

波	1	물결
破	2	깨뜨리다
派	2	갈래
播	3	뿌리다
罷	3	그만두다
頗	3	치우치다
把	3	잡다

판

判	1	판단하다
板	2	널빤지
版	2	널빤지
販	3	팔다

팔

| 八 | 1 | 여덟 |

패

貝	1	조개
敗	1	패하다
覇	3	우두머리

편

便	1	편하다
篇	1	책
片	2	조각
編	2	엮다
遍	3	두루
偏	3	치우치다

폄

| 貶 | 3 | 깎아 낮추다 |

평

| 平 | 1 | 평평하다 |
| 評 | 1 | 평가하다 |

폐

閉	2	닫다
廢	2	못쓰게 되다
幣	2	화폐
肺	3	허파
弊	3	낡다
蔽	3	가리다

포

胞	2	세포
捕	2	잡다
布	2	베
浦	2	배 드나드는 곳
抱	2	안다
包	2	감싸다
飽	2	배부르다
怖	3	두려워하다
抛	3	던지다
砲	3	대포
鋪	3	깔다
褒	3	기리다

폭

暴	2	사납다
爆	3	터지다
幅	3	가로지른 거리(간격)

표

表	1	겉
標	1	표시하다
票	2	쪽지
漂	3	떠돌다

품

| 品 | 1 | 물건 |

풍

| 風 | 1 | 바람 |
| 豊 | 1 | 풍성하다 |

피

皮	1	가죽
彼	1	저(지시 대명사)
疲	2	피곤하다
被	2	당하다
避	3	피하다

필

必	1	반드시
匹	2	짝
筆	2	붓
畢	3	마치다

핍

| 乏 | 3 | 가난하다 |
| 逼 | 3 | 조이다 |

하

下	1	아래
夏	1	여름
賀	1	축하하다
何	2	어찌
河	2	강물
荷	3	짊어지다

학

學	1	배우다
虐	3	잔인하다
鶴	3	두루미

한

| 寒 | 1 | (온도가) 차다 |

韓	1	나라 이름
漢	1	나라 이름
閑	2	한가하다
恨	2	원망스럽게 생각하다
限	2	한계
旱	3	가물다
汗	3	땀
翰	3	붓

할

| 割 | 2 | 베다 |

함

含	2	머금다
陷	2	빠지다
咸	3	모두
艦	3	싸움 배

합

| 合 | 1 | 합하다 |

항

恒	2	항상
項	2	조목
抗	2	대항하다
航	2	배로 건너다
巷	3	길거리
港	3	항구

해

海	1	바다
解	1	풀다
害	2	해치다
亥	2	열두 번째 지지
該	2	갖추다

핵

| 核 | 2 | 사물의 가장 중심 |

행

| 行(항) | 1 | 다니다 |
| 幸 | 1 | 다행 |

향

香	1	향기
鄉	1	시골
向	2	향하다
響	2	울리다
享	2	누리다

허

| 虛 | 2 | 비다 |
| 許 | 2 | 허락하다 |

헌

憲	2	법
獻	2	바치다
軒	3	집

험

| 險 | 2 | 험하다 |
| 驗 | 2 | 경험하다 |

혁

| 革 | 2 | 가죽 |

현

現	1	나타나다
賢	1	어질다
縣	2	고을
顯	2	나타나다
玄	2	검다
弦	3	활시위
絃	3	악기 줄
懸	3	매달다

혈

| 血 | 1 | 피 |
| 穴 | 2 | 동굴 |

혐

| 嫌 | 3 | 싫어하다 |

협

協	1	협력하다
脅	2	협박하다
峽	3	골짜기
狹	3	좁다

형

兄	1	형
形	1	모양
刑	2	형벌
型	2	기본 틀
衡	2	저울
亨	3	뜻대로 잘 되다
螢	3	개똥벌레

혜

| 惠 | 1 | 은혜 |
| 慧 | 3 | 슬기 |

호

好	1	좋다
號	1	이름
湖	1	호수
戶	2	집
互	2	서로
呼	2	부르다
護	2	보호하다
乎	2	~인가?
虎	2	호랑이
胡	3	오랑캐
浩	3	(넓고) 크다
毫	3	가는 털
豪	3	뛰어난 사람

혹

或	2	혹시
惑	3	홀리다
酷	3	독하다

혼

婚	1	결혼하다
混	1	섞다
魂	2	넋
昏	3	날이 저물다

홀

| 忽 | 3 | 소홀히 하다 |

홍

洪	2	큰물
紅	2	붉다
弘	3	(크고) 넓다
鴻	3	기러기

화

火	1	불
化	1	변화하다
花	1	꽃
貨	1	화폐
和	1	사이가 좋다
話	1	이야기
畫	1	그림
禍	2	재앙
華	2	화려하다
禾	2	벼
靴	3	가죽신

확

確	2	확실하다
穫	2	거두다
擴	2	넓히다

환

歡	1	기뻐하다
患	1	근심
丸	2	알
換	2	바꾸다
環	2	둘러싸다
還	2	돌아오다
幻	3	허깨비(가상假象

이 언뜻 나타났다 가는 사라져 버리는 것)

활

活	1	살다
闊	3	넓다
滑(골)	3	미끄럽다

황

黃	1	노랗다
皇	2	황제
況	2	상황
荒	3	거칠다

회

回	1	돌다
會	1	모이다
悔	2	뉘우치다
懷	2	(생각을) 품다
灰	3	재(불에 타고 남은 가루)

획

| 獲 | 2 | 얻다 |
| 劃 | 3 | 긋다 |

횡

| 橫 | 2 | 가로 |

효

孝	1	효도
效	1	효과
曉	3	새벽

후

後	1	뒤
候	2	기후
厚	2	두텁다
后	3	왕비
喉	3	목구멍

| 侯 | 3 | 제후 |

훈

| 訓 | 1 | 가르치다 |
| 勳 | 3 | 업적 |

훼

| 毁 | 3 | 헐다 |

휘

| 揮 | 2 | 휘두르다 |
| 輝 | 2 | 빛나다 |

휴

| 休 | 1 | 쉬다 |
| 携 | 2 | 손에 가지다 |

흉

| 凶 | 1 | 흉하다 |
| 胸 | 2 | 가슴 |

흑

| 黑 | 2 | 검다 |

흡

| 吸 | 2 | 빨아들이다 |

흥

| 興 | 1 | 일으키다 |

희

希	1	바라다
喜	1	기쁘다
戲(戱)	2	놀다
稀	3	드물다
犧	3	희생

힐

| 詰 | 3 | 따지다 |